Körpersprache

Entdecken Sie die Geheimnisse der Nonverbalen Kommunikation und Techniken der Verhaltenspsychologie, um zu Lernen, Wie Sie Menschen Analysieren, Beeinflussen und Überzeugen Können

Inhaltsverzeichnis

Vorwort

Jeden Tag haben wir es mit vielen verschiedenen Arten von Menschen zu tun. Manche gefallen uns, manche nicht. Doch um in jeder Situation richtig reagieren zu können, muss man zunächst lernen, sie zu analysieren. Sie möchten sich nicht jemandem öffnen, den Sie gerade erst kennengelernt haben, nur um dann festzustellen, dass er oder sie kein besonders guter Mensch ist. Bei der Analyse von Personen sind verschiedene Aspekte zu berücksichtigen.

Es gibt einige einfache Methoden, um Menschen, die Sie gerade kennengelernt haben, zu analysieren und festzustellen, ob sie ein guter Freund sein werden oder ob sie für Ihre persönliche Entwicklung gut sind. Um das Geheimnis des menschlichen Verstands kennenzulernen und zu lernen, wie man Menschen analysiert, teilen wir mit Ihnen die verschiedenen Methoden, mit denen Sie eine Person einschätzen können.

Die Fähigkeit, die wahren Absichten einer Person zu lesen und zu analysieren, ihre Persönlichkeit zu bestimmen und anhand ihrer Worte und Körpersprache herauszufinden, was sie wirklich denkt, ist eine wirklich bemerkenswerte Fähigkeit. Denken Sie darüber nach: Die Fähigkeit, sich auf die wahren Absichten einer Person einzustellen, kann Ihren Wunsch, sinnvolle Bindungen aufzubauen, starke Beziehungen zu knüpfen und sogar fundierte und effektive Entscheidungen zu treffen, erheblich unterstützen.

Der weit verbreitete Mangel an Aufmerksamkeit für die Körpersprache hat dazu geführt, dass viele unserer persönlichen und beruflichen Beziehungen unter Missverständnissen, Ressentiments, harten Urteilen und unnötigen Konflikten leiden. All das lässt sich vermeiden, wenn wir wissen, wie wir auf die Körpersprache unserer Mitmenschen achten können.

Zum Glück helfen Ihnen die Informationen in diesem Buch, die Körpersprache zu entschlüsseln, nach aufschlussreichen Hinweisen darauf zu suchen, was eine Person wirklich fühlt, Verbindungen herzustellen, Emotionen zu erkennen und Ausdrücke effektiver zu lesen.

Fangen wir an.

Kapitel 1.
Kommunikation und kulturelle Unterschiede

Kommunikation ist der Prozess der Informationsübermittlung zwischen Einzelpersonen oder Gruppen von Menschen. Es geht darum, Informationen zu geben, zu empfangen und zu teilen. Bei allen Aktivitäten, die am Arbeitsplatz, in der Familie, im akademischen Umfeld oder in intimen Beziehungen stattfinden, ist Kommunikation entscheidend.

Menschen verwenden verschiedene Methoden, um miteinander zu kommunizieren, die verbal oder nonverbal sein können.

Nonverbale Kommunikation

In dieser Diskussion ist die nonverbale Kommunikation mit der Körpersprache vergleichbar. Wir beginnen mit der Mimik, die besagt, dass das menschliche Gesicht sehr ausdrucksstark ist und unzählige Emotionen vermittelt, auch wenn es keine Stimme hat. Ein wichtiger Aspekt der nonverbalen Kommunikation ist, dass sie weitgehend standardisiert ist, da die Gesichtsausdrücke für Ärger, Freude und Angst in verschiedenen Kulturen ähnlich sind. Wie bei den meisten Aspekten der nonverbalen Kommunikation gibt es wenig Kontrolle über den Ursprung und die Ausprägung des Gesichtsausdrucks. Dies macht sie zu einem kritischen Aspekt bei der Bewertung der Ehrlichkeit der Kommunikation. Anhand der Mimik können wir feststellen, wie sich jemand fühlt.

Die Art und Weise, wie wir stehen, sitzen, den Kopf halten oder gehen, hat Einfluss darauf, wie wir von anderen wahrgenommen werden, angefangen bei der Körperbewegung und -haltung. Die Körperhaltung sagt zum Beispiel viel über unsere Aufmerksamkeit und unsere Bereitschaft aus, einer Rede zuzuhören. Sie kommuniziert auch unseren emotionalen Zustand. Wenn eine Person wütend ist, bleibt sie wahrscheinlich nicht lange ruhig sitzen, sondern steht oder krümmt sich. Ist eine Person hingegen aufgeregt, ändert sie ihre Körperhaltung und ihre Bewegungen wahrscheinlich häufiger als wenn sie traurig ist. Irgendwann haben Sie sich vielleicht sehr aufgeregt gefühlt, sind vielleicht schnell gelaufen, gesprungen, haben sich hingesetzt und sind öfter aufgestanden als sonst.

Eine weitere Form der nonverbalen Kommunikation sind die Gesten. Handgesten werden verwendet, um zu nicken, zu winken, zu zeigen oder zu lenken. In den meisten Fällen werden Handgesten ohne das Eingreifen des bewussten Verstandes ausgeführt. Ihre Bedeutung ist von Kultur zu Kultur unterschiedlich. Eine unschuldige Botschaft, die in einem Land durch eine Handbewegung entsteht, kann in einem anderen Land beleidigend sein. Es ist möglich, den emotionalen Zustand einer Person aus ihren Gesten zu lesen, selbst wenn sie rückwärts spricht. Wenn eine Person zum Beispiel wütend ist, wirft sie wahrscheinlich unkoordiniert die Hände in die Luft. In den meisten Fällen stehen Handgesten im Widerspruch zur verbalen Kommunikation, insbesondere wenn eine Person Gefühle empfindet und versucht, diese zu verbergen.

Blickkontakt ist ein wichtiger Aspekt der Körpersprache. Die Art und Weise, wie man eine andere Person bei der Kommunikation ansieht, verrät Feindseligkeit, Zuneigung, Interesse und Vertrauen. Menschen, die Schwierigkeiten haben, Blickkontakt herzustellen und aufrechtzuerhalten, gelten im Allgemeinen als schüchtern. Wenn sich eine Person unbehaglich fühlt, wird sie wahrscheinlich keinen Blickkontakt herstellen und aufrechterhalten. Längerer Augenkontakt mit einer Person oder einer Gruppe von Personen ist ein Starren und deutet auf ein Urteil hin. Denken Sie daran, wie Ihre Lehrerin oder Ihr Lehrer Sie angesehen hat, als Sie gesprochen haben, während andere geschrieben haben. Längerer Augenkontakt wird mit Einschüchterung und Verurteilung in verbindung gebracht.

Die Berührung als Bestandteil der Körpersprache hat eine wichtige Bedeutung und beeinflusst in manchen Fällen die Entwicklung eines Menschen. In den ersten Lebensjahren brauchen Kinder Berührungen, beruhigende Streicheleinheiten, um sich sicher und geliebt zu fühlen. Psychologen können Bindungsprobleme vermuten, wenn ein Elternteil sein Kind nur ungern berührt und streichelt. Bei Erwachsenen äußert sich Berührung in der Regel durch einen Händedruck und eine Umarmung. Ein fester Händedruck deutet auf Vertrauen und Vertrautheit hin, während ein schwacher Händedruck einen Mangel an Vertrauen und Vertrautheit signalisiert. Die Umarmung hat die gleiche Funktion wie der Händedruck, aber Umarmungen zwischen verliebten Menschen können länger dauern.

Ebenso wichtig ist der Raum, der Teil der nonverbalen Kommunikation ist. Wenn Sie Ihrem Gesprächspartner zu nahe kommen, wird er sich unwohl fühlen, es sei denn, es handelt sich um eine Ausnahmesituation. Für Verliebte, die eine engere Bindung aufbauen wollen, mag es romantisch erscheinen, sich einander zu nähern. In der Lehre gibt es die sogenannte professionelle Distanz, d. h. die Standarddistanz, die zwischen Lehrer und Schüler bei der Kommunikation eingehalten wird. Wenn jemand zu nahe kommt, kann sich die andere Person erdrückt, gefangen und eingeschüchtert fühlen. Eine zu große Distanz ist ebenfalls kontraproduktiv, da sie die andere Person ermüden lässt, sich an der Kommunikation zu beteiligen.

Die Stimme ist Teil der nonverbalen Kommunikation. Die Lautstärke der Stimme drückt die Betonung aus. Das Tempo, in dem wir sprechen, spiegelt unseren emotionalen Zustand wider. Wenn man schnell spricht, kann das darauf hindeuten, dass man in Panik ist oder sich unsicher fühlt und so schnell wie möglich zu Ende sprechen möchte. Tonfall und Stimmlage sagen mehr über die Einstellung des Sprechers und die Art der Botschaft aus. Zum Beispiel kann die Nachricht standardisiert und emotionslos erscheinen, aber der Tonfall und die Intonation des Sprechers können Aufregung oder Temperament zum Ausdruck bringen. Der Tonfall des Sprechers kann auf Sarkasmus oder Ärger hindeuten.

Die nonverbale Kommunikation kann zwar manipuliert oder geübt werden, aber es ist schwierig, alle Formen der nonverbalen

Kommunikation gleichzeitig zu manipulieren. Es ist schwierig, Tonfall, Gestik, Berührung, Distanz und Mimik auf die verbale Kommunikation abzustimmen. Aus diesem Grund ist die Körpersprache nach wie vor eine verlässliche Quelle, um den emotionalen Zustand einer Person zu lesen und festzustellen. Es ist jedoch möglich, die Kontrolle über die Körpersprache zu erlernen und auszuüben, um bestimmte Ergebnisse zu verbessern. Wenn wir lernen, uns auf unsere Emotionen und die daraus resultierenden Reaktionen zu konzentrieren, können wir auch unsere Körpersprache besser kontrollieren. Es besteht auch die Möglichkeit, eine verwirrende nonverbale Kommunikation zu erhalten, die von der Quelle unbeabsichtigt gesendet wurde. In den meisten Fällen schadet eine verwirrende nonverbale Kommunikation den Beziehungen.

Collins behauptet zum Beispiel, dass er gut mit seinen Arbeitskollegen auskommt, aber wenn man einen seiner Kollegen fragt, halten sie ihn für einschüchternd und sehr intensiv. Die meisten Freunde sind der Meinung, dass Collins' Augenkontakt ein Blick ist, der versucht, andere mit den Augen zu verschlingen. Seine Kollegen sind der Meinung, dass er, wenn er eine Hand ergreift, sich beeilt, sie zu packen und dann so fest zudrückt, dass es weh tut. Collins ist ein fürsorglicher Typ, der gerne mehr Freunde gewinnen würde, aber seine nonverbale Sprache hält die Menschen auf Distanz und schränkt seine Möglichkeiten ein, bei der Arbeit voranzukommen.

Und obwohl Dennis glaubte, die perfekte Partnerin gefunden zu haben, als er Sharon kennenlernte, war sie sich da nicht so sicher. Dennis ist gutaussehend, redegewandt und fleißig, aber er schien sich mehr um seine eigenen Gedanken zu kümmern als um die von Sharon. Dennis' Unfähigkeit, anderen zuzuhören, macht ihn bei vielen der Menschen, die er am meisten bewundert, unbeliebt.

In diesem Zusammenhang sind all diese intelligenten und wohlmeinenden Menschen ratlos, wenn sie versuchen, mit anderen in Kontakt zu treten. Das Schlimme ist, dass sie sich ihrer Körpersprache nicht bewusst sind. Wenn man effektiv kommunizieren will, muss man Missverständnisse vermeiden und eine vertrauensvolle Beziehung aufbauen, sowohl beruflich als auch gesellschaftlich. Man muss verstehen, wie man die Körpersprache einsetzt und interpretiert und seine nonverbale Kommunikation verbessert.

Einer der schwierigsten und wertvollsten Aspekte der nonverbalen Kommunikation besteht darin, dass sie auch dann unbewusst stattfindet. Aus diesem Grund kann die Körpersprache frustrierend sein, vor allem, wenn man versucht, etwas zu verbergen, und es immer wieder zum Vorschein kommt. Vielleicht waren Sie in einer Beziehung und mussten feststellen, dass Ihr Partner lügt, obwohl er oder sie alles getan hat, um seine Spuren zu verwischen. Andererseits ist die nonverbale Kommunikation der zuverlässigste Indikator für den Zustand einer Person, selbst wenn diese versucht, ihn zu verschleiern.

In diesem Sinne sind die meisten Menschen von der nonverbalen Kommunikation frustriert, weil sie diese nicht immer kontrollieren können, auch wenn sie geübt sind. Sie denken, dass Sie Ihrem Gesprächspartner versichern wollen, dass Sie nicht beleidigt sind, aber der Tonfall und die Intonation Ihrer Stimme lassen vermuten, dass Sie verärgert sind. Der Zuhörer wird das Gefühl haben, dass Sie nicht ehrlich zu sich selbst und zu ihm/ihr sind. Es ist wichtig, die verbale Kommunikation mit der nonverbalen Kommunikation abzustimmen und nicht umgekehrt. Die Unfähigkeit, die gewünschte Körpersprache zu zeigen, kann eine Quelle des Unbehagens sein.

Wenn Sie die Körpersprache lesen, versuchen Sie, auf Ungereimtheiten zu achten, die der Gesprächspartner zeigt. In der Regel sollte die nonverbale Kommunikation die verbale Kommunikation unterstützen oder verstärken. Treten Ungereimtheiten auf, versucht die Person, ihren wahren emotionalen Zustand zu verbergen. Es ist wichtig, die nonverbalen Kommunikationssignale als Gruppe und nicht als einzelnes nonverbales Zeichen zu analysieren. Analysieren Sie zum Beispiel den Tonfall, die Handgesten, die Mimik und den Blickkontakt als eine Gruppe zusammengehöriger Komponenten. Es ist wichtig, sich daran zu erinnern, dass manche Menschen von Geburt an Probleme haben, die sie bei der nonverbalen Kommunikation inkonsequent erscheinen lassen, aber in ihrer Kommunikation ehrlich sind.

Das sind zum Beispiel Menschen, die von Geburt an schüchtern sind, weil sie aufgrund elterlicher Probleme schüchtern im Umgang mit Menschen sind. Ein schüchterner Mensch hat Schwierigkeiten, Augenkontakt herzustellen und aufrechtzuerhalten, und das hat nichts mit seinem emotionalen Zustand und der Ehrlichkeit seiner verbalen Botschaft zu tun. Es gibt Menschen, die von Geburt an unter Hyperhidrose leiden, d. h. sie schwitzen übermäßig, auch wenn das Wetter kalt ist und sie sich nicht anstrengen. Diese Menschen schwitzen an Händen und Füßen, vermeiden Händeschütteln oder Blickkontakt, was nicht als Panik, Unsicherheit und Angst interpretiert werden sollte.

Verbale Kommunikation

Kommunikationssysteme verwenden Zeichen und Symbole zur Interaktion.

Genauso wie Zeichen Signale sind, um eine Botschaft zu übermitteln, ist auch die allgemeine Philosophie der verbalen Kommunikation dieselbe. Um die Idee der verbalen Kommunikation zu verstehen und sie richtig zu übersetzen, muss der Empfänger den Grund für die Handlung kennen. In welchem Sinne? Man versteht ein bestimmtes Signal, weil man die Ursache der Handlung versteht. Wenn Ihr Kind zum Beispiel ein paar Worte murmelt und direkt auf die Tür zeigt, was bedeutet das dann? Es bedeutet auf jeden Fall, dass wahrscheinlich jemand an der Tür steht oder dass an der Tür Aufmerksamkeit erforderlich ist. Symbole hingegen sind Zeichen oder Worte, die auf eine komplexe Ebene des Denkens und Verstehens zwischen den beteiligten Parteien hinweisen. Symbole, so komplex sie auch erscheinen mögen, sind die Grundlage für die Theorie des symbolischen Interaktionismus.

Wann immer verbale Kommunikation stattfindet, erlaubt sie uns, den symbolischen Inhalt zu suchen und zu verstehen, der uns eine Vorstellung davon gibt, worüber der Sprecher sagen will. Dieser Prozess ist unterteilt in:

Semantik: Die Semantik ist die Kenntnis um die Beziehung zwischen dem nachfolgenden Effekt einer Handlung und ihrer Ursache. Wie Sie wissen, haben Signale eine eigene Bedeutung, auch wenn sie in andere, komplexere Richtungen interpretiert werden können. Zum Beispiel hat ein Kind, das mit einem scharfen Messer in der Hand lauthals schreit, eine Bedeutung. Als Beobachter denkt man also eher daran, dass es sich mit dem Messer geschnitten hat, und nicht daran, dass sein Geräusch durch den Schnitt selbst unterschieden wird. Dies ermöglicht es, Ereignisse anders zu sehen und sie getrennt zu betrachten, um die Hauptbotschaft zu verstehen, die sie vermitteln.

Generativität: Diese besagt, dass eine endliche Botschaft die Form von unendlich vielen Bedeutungen annehmen kann. Die Idee zeigt, wie sehr die Gedanken von Mensch zu Mensch variieren. Aus diesem Grund sind Sprachen in der Lage, Symbole und Signale zu kombinieren und neu zu kombinieren, um sinnvolle Äußerungen zu produzieren, die von den Sprachbenutzern verstanden werden können.

Zerstreuung: Diese dritte Säule unterstützt die Idee, Abstraktes zu vermitteln, das einen Bezug zur Sprache hat. Das liegt daran, dass die Sprache Raum für die Kommunikation von Dingen bietet, die nur im Kopf existieren. Imaginative Tendenzen ermöglichen es den Kommunikationsteilnehmern durch diesen Verschiebungsfaktor, neben dem, was man sehen kann, auch das zu diskutieren, was nur in der Fantasie existiert.

Theorie des symbolischen Interaktionismus

Stellen Sie sich vor, Sie sagen zu Ihren drei Söhnen: „Macht euch bereit für einen wichtigen Gast heute Abend", und der erste Sohn putzt schnell das Esszimmer und wachst es, damit es für den Gast attraktiv ist, wenn er kommt. Der zweite Sohn, der genau weiß, dass der erste Eindruck länger anhält, geht zum Eingang des Hauses und putzt ihn. Der dritte Sohn ging nur ins Bad, um es aufzuräumen, weil er dachte: „Der Besucher möchte doch, dass das Bad sauber ist". Gegen 18.00 Uhr empfingen Sie den Gast, der drei Tage bei Ihnen verbringen wollte, und niemand hatte daran gedacht, das Gästezimmer zu reinigen, das seit Monaten nicht mehr benutzt worden war. Stellen Sie sich die Frustration vor, die entsteht, wenn niemand daran denkt, das Gästezimmer zu reinigen, obwohl Sie bereits angekündigt hatten, dass ein Gast kommen würde. Sie fragen sich, warum es irgendwie amüsant und von Natur aus möglich ist, dass drei von ihnen die Aussage „Machen sie sich heute Abend für einen wichtigen Besuch bereit" unterschiedlich übersetzen. Dies ist die komplexe Rolle, die Symbole in menschlichen Kommunikationssystemen spielen.

Der symbolische Interaktionismus ist ein Konzept, bei dem eine Botschaft mit einer Reihe von möglichen Interpretationen versehen wird, die zeigen, inwieweit die Menschen den Symbolen und Wörtern unterschiedliche Bedeutungen zuschreiben. Das Konzept wurde 1969 von Herbert Blumer eingeführt und wurde ursprünglich von George Herbert und Max Weber entworfen. Die Theorie basiert auf der Tatsache, dass Menschen in ihrer unterschiedlichen Komplexität dem, was sie in ihrer Umgebung hören, persönliche intuitive Interpretationen zuschreiben. Sie besteht aus Zeichen und Symbolen, deren Signale sich aus den sozialen Interaktionen ergeben, die in ihnen stattfinden. Beachten Sie, dass der Mensch auch als Zeichen und Symbol fungieren kann.

Grundsätze und Annahmen des symbolischen Interaktionismus

Nach dieser Theorie ist die Bedeutung von Wörtern oder anderen Kommunikationsobjekten kein Objekt, sondern wird durch die Interaktion von Kräften im Bereich der sozialen Interaktion bestimmt. Es ist jedoch die Fähigkeit des Menschen, Zeichen, Signale und Symbole zu interpretieren, und die Art und Weise, wie sie die Perspektiven der anderen sehen, die die Bedeutung bestimmen, die sie der Botschaft zuschreiben. Es wird auch argumentiert, dass die soziale Interaktion eine kontinuierliche Reihe von Prozessen, Intuitionen, Rollen, Selbstkonzepten (was wir denken, dass jemand sofort über uns denkt, wir erhalten eine Nachricht) ist. Im Gegensatz zu den Theorien der Sozialpsychologie basiert der symbolische Interaktionismus mehr auf den menschlichen Gedanken und deren Kommunikation als auf sozialen Systemen als Katalysatoren für menschliche Interaktionen. Es handelt sich eher um eine „individuelle" Untersuchung des Interaktionssystems. Der symbolische Internationalismus ermöglicht es den an einer Kommunikation beteiligten Parteien, sich als Interakteure zu verstehen. Sie haben eine Ideologie, die es ihnen nicht erlaubt, die Bedeutung einer Botschaft auf einfachen Gegenständen im Voraus zu beurteilen.

Der Interaktionismus fördert auch die folgenden Ideologien:

- Man darf sich nie als der Gesellschaft untergeordnet sehen, sondern als jemand, der sie für sich selbst und für seine Mitmenschen schafft.
- Wenn man die menschliche Interaktion und die sie umgebenden Kräfte in den Mittelpunkt des Studiums stellt, kann man die Gesellschaft als ein Ganzes von Interaktionen sehen, einschließlich der Objekte.

Paralinguistik

Die Paralinguistik ist die Lehre von der Parasprache. Parasprache bezieht sich auf die nonverbalen Elemente der Sprache und, soweit es um die Schrift geht, die zur Veränderung der Bedeutung und zur Vermittlung von Emotionen verwendet werden, wie Intonation, Lautstärke und Tonfall.

Es geht um die Bedeutung der Worte, die wir verwenden. Parasprache kann Aufschluss über die geografische Herkunft und die sozioökonomische Schicht geben. Um herauszufinden, was in einem Gespräch zwischen Menschen vor sich geht, müssen wir manchmal auf das Verhalten von Schweigen und Unterbrechungen achten. Wir können auch herausfinden, welche Wörter hervorgehoben wurden und welche nicht. In der Tat kann sich die Bedeutung einer Aussage ändern, je nachdem, wie stark wir bestimmte Wörter betonen oder nicht betonen.

Die Lautstärke unserer Sprache kann anzeigen, ob wir mutig, schüchtern oder selbstbewusst sind. Es hängt auch davon ab, wie weit wir uns von ihnen entfernen, von der Umgebung (öffentlich oder privat). Dies bedeutet, dass die Lautstärke der Stimme auf die unterschiedlichen Umstände der Kommunikation zurückzuführen sein kann.

Wenn wir mit Menschen zu tun haben, die uns vertraut sind, neigen wir dazu, unseren Tonfall zu erhöhen. Wenn Sie zum Beispiel von einem Freund angerufen werden, dessen Nummer Sie nicht kennen, ist das „Hallo" vielleicht zunächst leise, aber sobald Sie herausfinden, dass es sich um jemanden handelt, den Sie kennen, werden Sie Ihren Tonfall anheben und selbstbewusster werden. Ein niedrigerer Tonfall kann auch ein Zeichen der Verteidigung und Warnung sein, und Sie können einen niedrigeren Tonfall verwenden, wenn Sie mit jemandem sprechen, den Sie nicht kennen oder der Ihnen nicht vertraut ist.

Wenn man mit Menschen intim wird, neigt man dazu, den Tonfall und die Lautstärke der eigenen Stimme in der Kommunikation mit ihnen zu senken. Wenn eine Person, die von Natur aus nicht stottert, anfängt zu stottern oder Wörter in einem hohen Tonfall zu wiederholen, ist das ein Zeichen von Angst oder Täuschung. Um glaubwürdig zu wirken, müssen Journalistinnen ihre Stimme senken. Männer haben eine tiefere Tonlage als Frauen.

Die Intonation hat viel mit dem Tonfall der Stimme zu tun. Das Anheben der Tonlage wird verwendet, wenn man eine Frage stellen will; man deutet eine Antwort an, der Blickkontakt folgt dieser Andeutung. Wenn wir aufhören wollen zu sprechen und einem anderen die Fortsetzung des Gesprächs überlassen wollen, können wir den Tonfall anheben oder senken. Mangelndes Selbstvertrauen drückt sich auch durch einen ständig erhöhten Tonfall aus.

Wenn jemand dazu neigt, deutlich und effektiv zu sprechen, zeigt dies, dass die Person zu selbstbewusst ist. Das Gegenteil zeigt Schüchternheit und mangelnde Detailgenauigkeit. Der Wohnsitz oder der Herkunftsort einer Person lässt sich an ihrem Akzent ablesen, der in Verbindung mit dem Wortschatz auch den sozialen und wirtschaftlichen Status einer Person anzeigen kann.

Wenn Menschen sich unterhalten, neigen diejenigen, die das Gespräch dominieren, oft dazu, mehr zu unterbrechen, während die unterwürfigen Person eher schweigen. Apropos Schweigen: Es bedeutet nicht immer Unterwerfung, und seine Bedeutung kann je nach den Umständen des Gesprächs variieren. Schweigen kann bedeuten, dass man akzeptiert, was der Gesprächspartner sagt, oder dass man ablehnt, was der Gesprächspartner sagt, dass man unterstreicht, dass man die Aufmerksamkeit des Zuhörers auf bestimmte Wörter lenkt, dass man den Zuhörer darüber nachdenken lässt, was vor kurzem gesagt wurde, dass man den Gesprächspartner angreift, indem man ihn ignoriert (vor allem, wenn es sich um eine Antwort oder einen Austausch von Höflichkeiten handelt). Es kann auch Abscheu, Wut, Angst, Traurigkeit oder Liebe bedeuten.

Verkäufer nutzen die Stille, um effektiv zu verkaufen, und verfallen oft in Schweigen, nachdem sie ihre Waren einem Kunden präsentiert oder ihre Angebote gemacht haben. Das liegt daran, dass sie wissen, dass ständige Kommentare und kompromittierende Gespräche ihre Entscheidungen ändern werden. Körperlich ausdrucksstarke Menschen verlassen sich mehr auf paralinguistische Äußerungen, während weniger ausdrucksstarke Menschen sich auf sprachliche Äußerungen verlassen.

Geschichte und Kontext

Es gibt Gesten, wie z. B. die „Handrhetorik" der römischen Redner und der allgemeine Manierismus des ganzen Körpers, die seit der Antike untersucht wurden. In Griechenland des 4. Jahrhunderts v. Chr. neigten Männer von hohem Rang dazu, eine Haltung einzunehmen, die als „fest" galt, und einen gemächlichen Gang mit langen Schritten zu pflegen. Dies ließ sie als Genussmenschen erscheinen und unterschied sie von Sklaven und Handwerkern, die sich immer beeilen mussten, um etwas zu erledigen. Es unterschied sie auch von den Frauen, die unnatürlich und mit kleinen Schritten gingen. Die Kurtisanen der damaligen Zeit schwangen ihre Hüften beim Gehen. Im alten Rom ließen streng kontrollierte und eingeschränkte Gesten eine Person beherrscht erscheinen, eine Fähigkeit, die von Rednern und Aristokraten verlangt wurde.

In der Renaissance waren Schriften zur Körpersprache weit verbreitet. Physiognomiker des 17. Jahrhunderts wie Charles Lebrun und Giovanni Della Porta katalogisierten Gesichtsausdrücke, die mit verschiedenen Emotionen und Charakteren verbunden waren. Ihre Forschungen über Gesten und die ihrer Zeitgenossen John Bulwer und Giovanni Bonifacio basierten auf der Annahme, dass es eine universelle Sprache der Gesten und Ausdrücke gibt, die die Menschen überall auf der Welt annehmen und verstehen können.

Es ist wahrscheinlich, dass das praktische Studium der nonverbalen Kommunikation mit Schauspielern begann. Dies gilt insbesondere für das 19. Jahrhundert, als die ersten Stummfilme gezeigt wurden. Die Schauspieler lernten, Gefühle, Status und Haltungen richtig darzustellen, indem sie die Körpersprache ihrer Figuren imitierten, was keine leichte Aufgabe war.

Erstaunlich ist, dass es beim Betrachten dieser Filme trotz des Fehlens von Worten oder Stimmen leicht ist, die Figur zu verstehen und sich mit ihr zu identifizieren. Dies zeigt, wie mächtig und wichtig die Körpersprache ist.

Wer hat als Erster die Körpersprache und ihre Ursprünge untersucht?

Charles Darwin, der Vater der Evolution. In seinem Buch „Der Ausdruck der Gefühle von Mensch und Tier" aus dem Jahr 1872 begann er als Erster, die Körpersprache von Tieren und Menschen zu untersuchen. Durch sorgfältige Beobachtung entdeckte er, dass Menschen, genau wie Tiere, über angeborene Verhaltensweisen verfügen, die sie auf ähnliche Weise nutzen. Diese Signale waren in der Lage, innere Emotionen zu offenbaren oder bei der Kommunikation mit Menschen zu helfen.

Die physischen Bedingungen, unter denen die Menschen lebten, ihre Körperbewegungen und häufigen Handlungen hatten Auswirkungen auf die Struktur ihres Körpers. Dies haben Paläoarchäologen herausgefunden, die anhand von Skeletten einige Einblicke in frühere Körpergewohnheiten gewinnen konnten. Einige moderne Zoologen und Ethnologen wie Desmond Morris betonen die Ähnlichkeit der Körperbewegungen von Tieren und Menschen beim Ausdruck von Dominanz, Angst und Feindseligkeit.

Man kann sagen, dass Morris mit seinem Buch die Wissenschaft der Körpersprache begründet hat. Tatsächlich gehen die meisten der heute durchgeführten Beobachtungen und Studien auf seine Studien zurück.

Der wichtigste Teil der Untersuchung der nonverbalen Kommunikation begann überraschenderweise in den 1960er Jahren. Seitdem ist sie zu einem wichtigen Bestandteil verschiedener Wissenschaften wie Psychiatrie, Sozialwissenschaften, Anthropologie und Wirtschaft geworden.

Albert Mehrabian

In den späten 1960er Jahren führte Albert Mehrabian zahlreiche Experimente durch, um herauszufinden, wie wichtig Gesten und Intonation für den Austausch von Botschaften sind. Er fand heraus, dass etwa 7 % unserer Kommunikation verbal erfolgt. Die 39 % werden als paraverbal definiert, d. h. Tonfall und Intonation, während die restlichen 55 % nonverbal sind. Das bedeutet, dass Körperbewegungen, Handbewegungen und andere einfache Gesten sehr wichtig für unsere Kommunikation sind.

Diese Ergebnisse sind manchmal umstritten, weil sie aus einem kontrollierten Experiment stammen und nicht das widerspiegeln, was man als realistische Umgebung ansehen würde. Das Experiment gab Mehrabian jedoch die Gelegenheit zu zeigen, dass Worte allein uns nicht genügend Informationen liefern, um eine Botschaft zu verstehen.

- Intonation

Unter Intonation versteht man den unterschiedlichen Tonfall einer Person beim Sprechen. Denken wir an das Wort „Danke". Es wird im Allgemeinen als ein positives Wort angesehen, nicht wahr? Wie würden Sie sich aber fühlen, wenn sich jemand in einem festen oder abrupten Ton bei Ihnen bedankt? Sie würden das wahrscheinlich nicht positiv interpretieren und es überhaupt nicht als Dankbarkeit ansehen. Die Intonation ist ein wichtiger Bestandteil der Art und Weise, wie wir Gefühle vermitteln.

Mimik und Intonation sind in allen Kulturen sehr ähnlich. Es ist praktisch möglich, zu erkennen, wenn eine Person angewidert ist, ganz gleich, wo auf der Welt man sich befindet. Auch Glück und Traurigkeit sind in der Regel überall auf der Welt gleich.

- Gesten und Bewegungen

Gesten sind die Art und Weise, wie eine Person die subtilsten Teile einer Botschaft vermittelt. Sie können auch an die Stelle ganzer Wörter treten. Wenn Sie zum Beispiel möchten, dass eine Person weiterredet, weil das, was sie sagt, interessant ist, werden Sie sie nicht unterbrechen, indem Sie sagen: *„Gut! Reden Sie weiter"*. Sie werden sich wahrscheinlich nach vorne lehnen, um zu zeigen, dass Sie an dem, was der Gesprächspartner sagt, interessiert sind, oder Sie werden mit dem Kopf nicken. Bei den meisten unserer Gesten sind unsere Hände beteiligt. In den Vereinigten Staaten neigen wir dazu, zur Begrüßung zu winken. Wir zeigen den Daumen nach oben, um zu sagen, dass alles in Ordnung ist, oder wir zeigen den Mittelfinger, wenn eine Person sehr aufgebracht ist. Wir können auch mit unseren Händen Ungeduld zeigen.

Kulturelle Unterschiede

Das moderne Studium der Körpersprache basiert auf der Annahme, dass Gesten nicht universell oder natürlich sind. Vielmehr sind sie das Produkt von Kultur und sozialem Einfluss. Die Ähnlichkeit zwischen den Gesichtsausdrücken von Schimpansen, die Angst und Unterordnung zeigen, und dem Lächeln eines Menschen kann dazu beitragen, die Unterschiede und Gemeinsamkeiten zwischen zwei Primatenarten aufzuzeigen.

Anthropologen wie Marcel Mauss haben gezeigt, dass selbst die kleinsten Aspekte der körperlichen Aktivität, wie die Art und Weise, wie eine Person sitzt, geht, schläft oder isst, von ihrer Kultur beeinflusst zu sein scheinen und sich von einer Gesellschaft zur anderen unterscheiden. Dazu gehören nicht nur die absichtlichen Signale, mit denen Menschen kommunizieren, sondern auch unwillkürliche Reaktionen, wie Weinen oder Erröten.

Handlungen, die intuitiv oder spontan erscheinen mögen, sind es bei genauer Betrachtung gar nicht. In gewisser Weise sind sie nach einem bestimmten Code geordnet, formalisiert und stilisiert, der in verschiedenen Kulturen, Orten oder Kontexten keine Bedeutung haben kann. Die Person, die aufspringt, lächelt und eine andere Person umarmt, kann bei einer Person, die mit dieser Art der Begrüßung nicht vertraut ist, eine Art Unbehagen oder Beleidigung hervorrufen. Ein einfaches Kopfnicken, wenn man an einer Person vorbeigeht, hat vielleicht nicht die gleiche Wirkung auf eine Person, die es nicht gewohnt ist, öffentliche Anerkennung zu zeigen.

Moderne Studien

Die meisten Menschen, die sich mit Körpersprache beschäftigen, sind Sozialpsychologen, Linguisten und Anthropologen. Die Wissenschaft der Körpersprache ist die Kinesik. Sie untersuchen unter anderem die Art und Weise und die Häufigkeit, mit der andere Menschen sich beim Sprechen berühren, und den Abstand, den sie während ihrer Interaktionen haben. Linguisten haben Gesten als eine weitere Form der Sprache definiert, vielleicht sogar als Vorläufer der Sprache. Sie haben verschiedene Formen der kinesischen Kommunikation untersucht, die von unterschiedlichen Gruppen und Kulturen verwendet werden, z. B. von Geistlichen, Börsenmaklern und Bettlern.

Die Körpersprache liefert Informationen, die in der Kommunikation auf keine andere Weise gewonnen werden können. Bewegungen und Ausdrücke können Sprache verändern, verstärken, untergraben und bestätigen. Sie drückt Bedeutungen aus, die die Sprache überwinden oder sich ihr entziehen können. Dies gibt uns die Möglichkeit, den inneren, emotionalen und psychologischen Zustand des Sprechers zu analysieren. Viele Jahre vor Freud sprachen frühe Autoren über Anstand von Ausrutschern, die sich durch unwillkürliche Körperbewegungen zeigen, die das Gesagte untergraben oder ihm widersprechen würden.

Gesten sind in den verschiedenen Ritualen und Codes der verschiedenen Kulturen einzigartig. Die Körpersprache ist wichtig für grundlegende Annahmen und Werte und bietet die Möglichkeit, von der Natur zur Kultur überzugehen, indem man das Verhalten und die Gesten der Menschen nutzt, um eine Bedeutung auszudrücken, sei sie nun ungewollt oder gewollt. In vielen formellen Kontexten sind die Bewegungen und die Körperhaltung des Sprechers wichtiger als die gesprochenen Worte. Die Körpersprache spielt eine wichtige Rolle in nicht- oder halbliterarischen Gesellschaften, in denen Verpflichtungen durch rituelle Handlungen und andere symbolische Objekte eingegangen werden.

Scham und Reinheit

Es gibt Theorien, die zu erklären versuchen, warum Variationen oder Veränderungen in der Körpersprache auftreten. In den 1930er Jahren legte der Soziologe Norbert Elias seine Argumentation vor, die sich hauptsächlich auf europäische protestantische Quellen stützte. Er schlug vor, dass nach der körpersprachlichen Freiheit des Mittelalters im frühneuzeitlichen Europa eine Zunahme der Hemmung von Körperimpulsen stattfand. Dies äußerte sich dann in einer zunehmenden Scham oder Verlegenheit gegenüber körperlichen Bewegungen und einer verstärkten Sorge um Kontrolle oder Zurückhaltung bei Handlungen und Gefühlsäußerungen.

Mary Douglas, eine Anthropologin, hat argumentiert, dass der Körper in den meisten Gesellschaften ein Symbol für soziale Beziehungen ist und dass seine Kontrolle gemäß den gesellschaftlichen Gepflogenheiten mehr oder weniger streng ist, je nachdem, welchen Gruppendruck eine Person verspürt.

Kulturübergreifende Untersuchungen zeigen, dass die Variabilität von Gesten und Ausdrücken durch das ergänzt wird, was Reisende auf ihren Reisen in verschiedene Länder erleben, oder auch durch das, was sie in Filmen sehen und in der Musik verschiedener Regionen der Welt hören. Es ist möglich, dass mit den Fernreisen des späten 20. Jahrhunderts und der Globalisierung der Kultur einige Unterschiede allmählich verschwunden sind. Die Homogenisierung der Kulturen kann in verschiedenen Bereichen wie Mode, Essen, Verwendung von Fremdwörtern oder Dekoration schnell erfolgen. Aber es dauert länger, wenn es um Gesten und Mimik geht, die Menschen länger brauchen, um sie aufzunehmen und zu verändern.

Die Körpersprache ist nicht nur die wichtigste Ausdrucksform des Menschen, sie ist auch eine hoch entwickelte und kulturspezifische Form der Signalisierung, bei der Bewegungen und Ausdrücke eine gleichwertige Rolle wie die Sprache spielen. Sie äußert sich in den kindlichen Grimassen des Ekels über eine unangenehme Empfindung, in der zeitlichen Abstimmung der Verbeugungen zwischen Japanern gleichen Ranges und in einer Reihe von beleidigenden Handgesten, die von streitenden Fahrern in Brasilien gemeinsam gemacht werden.

Übung

Es gibt zahlreiche Akademien und Schulen, die sich darum bemühen, Menschen in der Erkennung und Anwendung von Körpersprache zu schulen. Sie erwähnen Fakten und Fallbeispiele, was man tun und was man nicht tun sollte; aber nur wenige beschreiben genau, wie man seine Körpersprache Schritt für Schritt verbessern kann. In Anbetracht der Aktivitäten und der gewünschten Ergebnisse schlagen wir die folgenden Schritte vor:

Beobachten

Beobachten Sie die Welt um Sie herum. Achten Sie auf die Menschen, die dort leben, und wie sie miteinander umgehen. Finden Sie Menschen, die sich in ähnlichen Situationen befinden wie die, die Sie herausfordern. Das kann eine Person sein, die um eine Beförderung bei der Arbeit bittet, ein Mädchen, das um eine Verabredung bittet, oder sogar das Feilschen um einen Rabatt. In jeder Situation kommen die gleichen Fähigkeiten zum Einsatz, aber auf unterschiedliche Weise. Es kommt alles auf die Körpersprache an.

Machen Sie sich Notizen, wenn Sie möchten, oder merken Sie sich Interaktionen, um sie später zu überprüfen. Manchen mag dies wie Stalking erscheinen, aber in der Psychologie wird dies als stellvertretendes Lernen bezeichnet. Man lernt aus dem Verhalten anderer, ob erfolgreich oder nicht.

Konzentrieren Sie sich bei der Beobachtung auf den Bereich, in dem die Körpersprache deutlich zu erkennen ist.

Das Gesicht

Welchen Ausdruck hat die Person? Ändert sich dieser Ausdruck? Warum hat sie sich geändert? Wie haben die Menschen reagiert, als sich das geändert hat? Was ist der Zweck des Lächelns? Die Form, die Dauer und der Empfang des Lächelns?

Die Augen

Nimmt der Gesprächspartner Blickkontakt auf? Für wie lange? Erwidert der Gesprächspartner den Blickkontakt? Vermeidet die Person den Blickkontakt?

Arme, Hände, Beine und Füße

Sind die Arme verschränkt und die Hände entspannt und offen? Wie ist die Stellung der Schultern? Sind die Beine gekreuzt und zeigen die Füße zum Gesprächspartner hin oder von ihm weg? Ändert sich eine dieser Positionen während der Interaktion? Wodurch wurde die Veränderung verursacht und wie war die Reaktion darauf?

Raum

Wie groß ist die Entfernung zwischen den beiden Parteien? Wie haben sie diese Entfernung erreicht? Hat sich eine der Parteien während der Interaktion vorwärts oder rückwärts bewegt? Wie hat die andere Partei reagiert?

Händeschütteln, Berührungen und Begrüßungen

Haben Sie bemerkt, wie der Händedruck aussieht? Wie fest ist der Griff und wie tief ist der Griff? Wie stark und wo ist der jeweilige Körperkontakt? Wie reagiert der Gesprächspartner? Wie sieht die Begrüßung aus? Wie ist die Geschwindigkeit, Höhe und Form der Hand? Hat der Gesprächspartner dies erwidert?

Nachdem Sie nun die Erfolge dieser Interaktionen beobachtet und bewertet haben, können Sie zum nächsten Schritt übergehen.

Übung

Das erfordert eine gewisse Portion Mut, was vielleicht der Grund ist, warum Menschen in fremden Ländern, in denen sie niemand kennt, verrückte Dinge tun. Suchen Sie sich ein paar Freunde, stellen Sie gegebenenfalls eine versteckte Kamera auf oder besuchen Sie mit Ihrem Hund ein Obedience-Training. Das Ziel ist es, sich in eine Situation zu versetzen, in der man einige der Fähigkeiten und deren Anwendung üben kann.

Wenn Sie sich überfordert fühlen, können Sie zu Hause vor einem Spiegel üben. Sie könnten auch online Hilfe bei einem Online-Berater finden, der Sie über Skype beobachtet.

Nach jeder Übungseinheit ist es an der Zeit, zur nächsten Phase überzugehen.

Schätzen Sie ab

Sehen Sie sich die Aufnahme an, die Sie von sich selbst gemacht haben, oder sprechen Sie mit Freunden, die Ihnen helfen. Achten

Sie nicht auf Ihre Ungeschicklichkeit, sondern konzentrieren Sie sich auf jede körpersprachliche Technik, wie Sie sie angewendet haben und wie die Reaktion war.

Sie können sich auch eine Punktzahl geben oder aufschreiben, worauf Sie sich konzentrieren müssen. Denken Sie daran, Erfolge zu feiern, auch wenn sie noch so klein sind. Dann ist es an der Zeit, Phase zwei zu wiederholen, die Praxis.

Das Erlernen der Körpersprache mag wie eine unglaublich mühsame Aufgabe erscheinen, aber es lohnt sich auf jeden Fall. Diese Fähigkeiten in Bezug auf Raumnutzung, Körperhaltung, Mimik, Blickkontakt, Gestik und Berührung sind grundlegend für ein erfülltes Leben mit weniger Konflikten und Missverständnissen.

Kapitel 2. Manipulationstechniken, die von Polizeibeamten, dem FBI usw. eingesetzt werden

FBI und Polizei

Die Aufdeckung von Täuschung, Betrug und Schwindel sind nicht einfach. Viele Polizeidetektive wenden bei der Analyse von Aussagen und Berichten von Verdächtigen einige prekäre Strategien an. Diese Strategie wird als Aussageanalyse bezeichnet und kann ihnen helfen, Lügen in Berichten aufzudecken. Die Ermittler überprüfen die schriftlichen Äußerungen der Verdächtigen unabhängig voneinander auf Auslassungen von Fakten.

Dieses Verfahren wird ihnen helfen, den Wahrheitsgehalt der Aussage zu erkennen, und wenn Informationen ausgelassen wurden, wird diese Auslassung angefochten. Es kann sein, dass dem Bericht absichtlich etwas hinzugefügt wurde, um die Wahrheit zu verschleiern, aber eine sorgfältige Untersuchung wird solche Lügen aufdecken und sie später beseitigen.

Ermittler folgen bei der Analyse von Berichten in der Regel bestimmten Prozessen, insbesondere wenn es darum geht, eine klassische wahrheitsgemäße Aussage anhand von Normen zu erkennen. Sie sind in der Lage, diese Normen zu analysieren und sogar jede Abweichung von der Norm zu erkennen, die zu gefälschten Aussagen führt. FBI-Ermittler wenden bei der konkreten Analyse aller von Verdächtigen gemachten Angaben bestimmte Schritte an, um Täuschungen durch Verschleierung aufzudecken.

Laut dem FBI *Law Enforcement Journal* von 1996, mit dem Titel „*What do Suspects' words reveal?*" (Auf Deutsch: Was verraten die Worte von Verdächtigen?) bemühen sich Detektive, jede Abweichung von der Norm festzustellen und auch zu analysieren, was an einem genialen Bericht besonders auffällig ist.

Analysieren wir einige konkrete Anzeichen für Täuschung und Lüge, die kriminelle Menschen verwenden, um sich aus einem Fall herauszuwinden.

Bemerkungen und unsichere Ausdrücke machen

Ein Verdächtiger wird versuchen, sich der Vernehmung durch den Polizeibeamten zu entziehen, indem er unsichere und vage Aussagen macht. Solche Ausdrücke sind bedeutungslos und voller Zweideutigkeiten und Zweifel. Wenn Kriminelle solche Berichte verfassen, neigen sie jedoch dazu, nach Möglichkeiten zu suchen, später Ergänzungen oder Änderungen vorzunehmen.

Einige der Ausdrücke und Wörter, die einen Interviewer in die Irre führen können, sind: angenommen, fast, gedacht, ungefähr, vielleicht, könnte sein, vermutet, vielleicht, ungefähr und mehr oder weniger.

Sprechen über vergangene Ereignisse im Präsens

Lügner und Betrüger sprechen über vergangene Ereignisse im Präsens. Diese Haltung deutet darauf hin, dass diese Menschen sich die Zeit genommen haben, solche Ereignisse zu üben und darüber zu meditieren, um die Gegenwartsform „der Handlung" verwenden zu können. Mit diesen Zeitformen und Aussagen sollen die Zuhörer und der Richter vor Gericht getäuscht und betrogen werden. Ein Beispiel für diese Art von Aussagen sind die folgenden Zeilen: „*Als ich heute Morgen im Büro ankam, traf ich im Empfangsraum niemanden an, aber ich stellte fest, dass das Fenster offen war. Als ich mich dem Büro des Direktors nähere, stelle ich fest, dass seine Tür offen steht und sein Laptop nirgends zu finden ist.*"

Am Anfang dieser Aussage sind die Zeitformen korrekt, aber gegen Ende wechselt der Sprecher absichtlich zu falschen Zeitformen, um die Ermittler zu täuschen. Die Fähigkeit, diese Anomalie in der Sprache des Verdächtigen zu erkennen, wird ihnen jedoch helfen zu erkennen, dass seine Aussage falsch ist.

Beantworten von Fragen mit den eigenen Fragen

Die Beantwortung von Fragen mit anderen Fragen ist eine weitere clevere Methode von Betrügern, um zu vermeiden, dass sie den Ermittlern die richtigen Antworten geben. Sie wissen, dass offensichtliche Lügen bei den Ermittlungen aufgedeckt werden könnten, und versuchen daher, die Wahrheit mit sorgfältig formulierten Fragen zu verschleiern. Einige dieser Fragen lauten: „*Wie kann ich Geld aus meiner Schublade nehmen und behaupten, es sei gestohlen worden?* ". „*Sehe ich wie ein Dieb aus*?"

Kein Verweis auf sich selbst in ihrer Erklärung

Wenn Sie aus den Äußerungen eines Verdächtigen Täuschung, Betrug und Schwindel erkennen wollen, werden Sie feststellen, dass er sich in seinen Reden nicht auf sich selbst bezieht, sondern lieber neutrale Bemerkungen macht. Zum Beispiel: „*Das Büro war nicht abgeschlossen*" oder „*Das Geld wurde weggenommen*". Die Aussage hätte jedoch lauten müssen: „*Ich habe das Büro nicht abgeschlossen*" oder „*Ich habe das Geld weggenommen*", wenn er wahrheitsgemäß sein und sich auf sich selbst beziehen wollte. In den oben genannten Aussagen hat sich der Verdächtige im Passiv und nicht im Aktiv geäußert.

Interviewer mit Schwüre überzeugen

Die Verwendung von Schimpfwörtern, Schwüren und Versprechungen sind die trügerischen Mittel, die Lügner und Betrüger einsetzen, um Ermittler zu manipulieren oder zu täuschen. Mit dieser Taktik wollen sie alle davon überzeugen, dass das, was sie sagen, nichts anderes als die Wahrheit ist. Einige der anomalen Ausdrücke, die sie verwenden, sind: „*So wahr Gott mein Zeuge ist*", „*Ich kann schwören*", „*Bei meiner Ehre*" und „Ich lasse *mein Herz in Frieden*".

Im Gegenteil, aufrichtige Menschen müssen keine Schimpfwörter benutzen, um ihre Unschuld zu beweisen, sondern glauben, dass die Echtheit ihrer Worte ihre Unschuld beweist.

Die durchschnittliche Anzahl der Wörter pro Satz

Die durchschnittliche Anzahl der Wörter pro Satz ergibt sich aus der Gesamtzahl der Wörter in einem Bericht, geteilt durch die Gesamtzahl der Sätze in diesem Bericht. Diese Zahl wird auch als „durchschnittliche Strafdauer" bezeichnet.

Die meisten Menschen neigen dazu, längere Sätze zu verwenden, wenn sie die Argumente einer Aussage analysieren. Einige Sätze enthalten jedoch etwa fünfzehn oder zwanzig Wörter und sind damit länger als ein Standardsatz.

Ein wahrheitsgemäßer Satz muss ein erzählerisches Gleichgewicht enthalten

Eine wahrheitsgemäße Aussage eines Verdächtigen, der ein Ereignis beschreibt, sollte eine sogenannte „erzählerische Ausgewogenheit" aufweisen. In einer erzählerischen Aussage sollte man den Prolog, die Haupthandlung und den Epilog erwarten. Der „Prolog" ist der erste Teil der Erzählung, in dem beschrieben wird, wie es zu dem Ereignis kam, oder in dem die Ursachen des Problems erläutert werden, während die „Haupthandlung" das Geschehen beschreibt, wie es sich zugetragen hat. Der Epilog ist der Teil der Erzählung, in dem das Ende des Ereignisses beschrieben wird.

Nach Ansicht der Experten sollten die prozentualen Angaben für die gesamte Erzählung wie folgt lauten: Der Prolog sollte bis zu 30 % lang sein, die Haupthandlung 40 % und der Epilog ebenfalls 30 %. Darüber hinaus argumentierten sie, dass jeder Teil der Erklärung, der die Prozentsätze nicht einhält, eingerückt ist und weiter analysiert werden sollte, da wichtige Fakten den gesamten Bericht verfälschen könnten.

Kurze und einfache Aussagen weisen auf Unwahrheiten hin

Eine der Möglichkeiten, eine Falschmeldung zu erkennen, ist die Kürze der Aussage. In den meisten Fällen werden wahre Ereignisse detailliert geschildert, während Falschmeldungen in der Regel ohne große Analyse modelliert werden. Es ist auch bekannt, dass genaue Aussagen nicht die Frage beantworten, um die es geht, sondern andere Aspekte der Ursachen und Wirkungen der Geschichte erforschen, um nichts als die Wahrheit in das Ereignis zu projizieren.

Lügner und Betrüger neigen jedoch dazu, der Wahrheit über die Aussage auszuweichen und nur das zu sagen, von dem sie wissen, dass es ihnen hilft, dem Urteil und der Strafe zu entgehen.

Täuschung besteht darin, über die geplanten Aktionen zu sprechen

Wenn Verdächtige über geplante Handlungen sprechen, ohne zu sagen, dass sie sie durchgeführt haben, handelt es sich um eine Andeutung oder eine bloße Vermutung. Ein Schüler, der eine Frage zu einem fehlenden Buch in der Schulbibliothek beantwortete, aber nicht behaupten wollte, es gestohlen zu haben, sagte zum Beispiel: *„Ich habe beschlossen*, in *die Bibliothek zu gehen und mir Bücher auszuleihen, wenn ich Hausaufgaben zu erledigen hatte. Gestern kam ich in der Bibliothek an, aber der Bibliothekar war nicht da. Ich habe versucht, wegen der Dringlichkeit meines Projekts zu warten, aber er war nirgends zu finden. Nachdem ich die Bücher in seiner Abwesenheit geprüft hatte, verließ ich die Bibliothek, um mein Projekt zu beenden."*

Hat der Schüler den Bibliothekar getroffen? Hat er auf seine Rückkehr gewartet? Hat er in Abwesenheit des Bibliothekars Bücher aus der Bibliothek entnommen? Der Schüler erzählte von all diesen Vorfällen, ohne zu behaupten, dass er Bücher aus der Bibliothek gestohlen hätte. Es handelt sich um die sogenannte „Andeutung von Handlungen", bei der der Verdächtige über alles spricht, was er getan hat, ohne zu sagen, dass er schuldig ist.

Euphemistische oder vage Aussagen

Euphemistische Äußerungen werden gemacht, um den Verdächtigen in einer günstigen und vorteilhaften Position in dem Fall darzustellen, mit der Absicht, die Persönlichkeit des Betroffenen nicht zu verletzen. Beispiele für vage Aussagen, die eine Person machen kann, um die Ermittler zu täuschen, sind: „*Der Gegenstand fehlte*", statt „*Der Gegenstand wurde gestohlen*", „*Ich habe das Buch aus der Bibliothek ausgeliehen*", statt „*Ich habe das Buch aus der Bibliothek genommen*".

Dies sind die meisten der Möglichkeiten, mit denen ein FBI-Agent oder Detektiv die Aussagen eines Verdächtigen analysieren kann, um den Wahrheitsgehalt dieser Aussagen vor einer Verurteilung oder einem Freispruch zu ermitteln.

Rückwärts

Polizeibeamte bitten Personen, das Alphabet rückwärts auszusprechen, um festzustellen, ob sie betrunken sind oder nicht. Wenn Sie noch nie versucht haben, das Alphabet rückwärts auszusprechen, wird Ihnen das wahrscheinlich ziemlich schwerfallen. Die geistige Fähigkeit, das Alphabet umzukehren, hängt von der Nüchternheit ab, denn man muss in der Lage sein, zu denken. Wenn Sie das Alphabet kennen, können Sie sich an die Antwort herantasten.

Sie können darum bitten, eine Geschichte rückwärts zu erzählen, um herauszufinden, ob eine Person lügt. Wenn Sie eine Geschichte erzählt haben, an die Sie sich erinnern, werden Sie wahrscheinlich in der Lage sein, zu überlegen, wie man sie rückwärts erzählen kann. Es mag einige fragwürdige Bereiche geben, aber mit ein wenig Zeit werden Sie es schaffen. Wenn Sie versuchen, eine Geschichte, die Sie nicht kennen, rückwärts zu erzählen, werden Sie wahrscheinlich nicht in der Lage sein, die Details richtig zusammenzusetzen. Wenn Sie es auf subtile Weise tun wollen, versuchen Sie zu fragen, was vor einem bestimmten Punkt in der Geschichte passiert ist, als ob Sie es vergessen hätten oder versuchen würden, es selbst zu rekonstruieren. Falls Sie so tun, als würden Sie die Chronologie rekonstruieren, wird der Wahrheitssprecher keine Probleme haben, die Lücken zu füllen.

Unternehmer/Werbetreibenden

Die Meister der dunklen Psychologie sind die Werbetreibenden. Der Sinn und Zweck von Unternehmen, die Werbung einsetzen, besteht darin, den Verbraucher zu motivieren, zu überreden und zu manipulieren, damit er ihre Produkte kauft, ganz gleich, ob es sich um ein Glas Mayonnaise, einen Fastfood-Burger oder ein Luxusauto handelt. Das Ziel der Werbetreibenden ist es, ihre Produkte an Verbraucher wie Sie zu verkaufen.

Werbung hat einen doppelten Zweck: Sie soll über die zum Kauf angebotenen Produkte informieren und zum Kauf überreden und motivieren.

Es gibt keine Tageszeit, in der wir nicht im Internet, in den sozialen Medien, im Fernsehen und im kommerziellen Radio mit Werbung bombardiert werden, die uns auffordert, ein Produkt oder eine Dienstleistung zu kaufen, in sie zu investieren oder sie zu abonnieren. Jede Anzeige wirbt für die beste Leistung, Güte oder Wirksamkeit des Produkts oder der Dienstleistung eines Unternehmens. Ihr Produkt ist exklusiv, Sie erhalten einen begrenzten Vorrat, bevor er ausgeht, sie wiederholen den Namen des Produkts des Unternehmens (Captain, Captain, Captain für Captain Morgan Spiced Rum ist eines, das mir in den Sinn kommt). Wir werden verführt, überredet, motiviert und manipuliert, unsere Brieftasche oder Kreditkarte zu zücken und loszurennen oder auf den Computerbildschirm zu klicken und zu kaufen, kaufen, kaufen.

Es gibt verschiedene Möglichkeiten, wie die Werbung die Reaktion der Verbraucher beeinflussen kann, die die Werbetreibenden erreichen wollen. Die Psychologie ist sehr tiefgründig. Alle trügerischen und manipulativen Werbungen, denen Sie ausgesetzt sind, werden sorgfältig geplant und basieren auf psychologischen Daten, die die Vermarkter täglich untersuchen, um Anzeigen zu entwickeln, die attraktiv, manipulativ und effektiv sind.

Fast-Food-Werbung kann manipulativ und irreführend sein: von der Verwendung einer verlockenden Sprache über die Verwendung von Wörtern wie „schmackhaft" oder „appetitanregend" bis hin zu zeitlich begrenzten Sonderangeboten, um Dringlichkeit zu erzeugen und den Menschen vorzugaukeln, dass sie den Kürzeren ziehen, wenn sie nicht sofort kaufen und das Sonderangebot in Anspruch nehmen.

Die erste Manipulation ist die Verwendung eines Bildes. Wenn es eine weitere Sache gibt, die von Werbetreibenden, die Lebensmittel als Produkt verkaufen, präsentiert wird, dann ist es die Art und Weise, wie die Lebensmittel selbst erscheinen. Oftmals entspricht das Bild, das uns gezeigt wird, überhaupt nicht dem Aussehen des Produkts, das wir kaufen. Das ist natürlich eine große Enttäuschung.

Werbeworte üben eine enorme Anziehungskraft auf die Verbraucher aus, ein Produkt zu kaufen. Im Jahr 2016 wurde Procter & Gamble, die Muttergesellschaft von Duracell-Batterien, wegen Irreführung der Öffentlichkeit verklagt, weil sie Verbraucher mit Werbesprüchen über die Haltbarkeit ihrer Ultra-Batterien getäuscht hatte.

Bei der Vermarktung der Ultra-Batterien wurde behauptet, sie hätten eine längere Nutzungsdauer und Haltbarkeit als die von Duracell hergestellten Durchschnittsbatterien. Die Verbraucher wurden durch die Worte „fortschrittlich" und „Ultra" auf der Verpackung angelockt, die den Eindruck erweckten, dass sie ein qualitativ höherwertiges Produkt als die Durchschnittsbatterie kaufen würden. In Wirklichkeit waren die Batterien nicht haltbarer oder stärker als die durchschnittlichen von Duracell hergestellten Batterien.

Werbetreibende sprechen die Verbraucher auch an, indem sie an ihre Gefühle appellieren. Ganz gleich, ob sie Werbung über Kinder in Not oder Tiere in missbräuchlichen Situationen und den Bedarf an Geld für beides ausstrahlen oder laufen lassen, die Werbetreibenden machen deutlich, dass es ihr Ziel ist, Verbraucher anzulocken, indem sie ihre Gehirne neu verkabeln.

Es wird kein Produkt verkauft, sondern es wird eine dunkle Manipulation durchgeführt, um den Gedanken zu säen, dass ein Nichtbeitrag oder ein Nichtsponsoring ein gewisses Schuldgefühl hervorruft und dazu führt, dass man eine Spende in Erwägung zieht.

Um zu verhindern, dass die Werbung Sie manipuliert, müssen Sie sich ernsthaft mit der Organisation aus der Sicht des Unternehmens auseinandersetzen und Ihre emotionale Beteiligung begrenzen.

Erkennen Sie, dass der Impuls der Werbung und das Ziel, das sie sich setzt, darin besteht, Ihre Gedanken und Ihr Verhalten zu manipulieren und zu erzwingen. Es gibt von Unternehmen produzierte Werbung, die einen sanfteren, moderateren und manchmal sogar humorvollen Ansatz verfolgt, aber Werbung wird immer eine manipulative Rolle in ihren Botschaften spielen.

Verkäufer

Verkäufer wenden ständig psychologische Tricks an, um Menschen zum Kauf ihres Produkts oder ihrer Dienstleistung zu bewegen. So nett, freundlich und hilfsbereit ein Verkäufer auch sein mag, wenn Sie ein Auto oder ein neues elektronisches Gerät kaufen wollen, seine Motivation ist es, zu verkaufen.

Hier sind einige Beispiele, mit denen Verkäufer Sie zum Kauf überreden wollen:

Zig Ziglar war ein Autor, Motivationsredner und Verkäufer. Zusammen mit Richard Gardner und Hal Krause gründete er 1963 American Salesmasters. Das Ziel dieses Unternehmens war es, Seminare anzubieten und die Wahrnehmung von Verkäufern in Amerika zu verbessern. Eines seiner berühmtesten Zitate ist das, in dem er Verkäufer anweist, nicht zu verkaufen, sondern zu lehren: *„Du wirst alles bekommen, was du im Leben willst, wenn du genug anderen Menschen hilfst, das zu bekommen, was sie wollen."*

Ziglars Idee war es, die Wahrnehmung des Verkäufers der alten Schule von einer Person, die zu allem fähig ist, um einen Verkauf zu erzielen, zu einer Person zu verändern, die den Kunden wirklich helfen kann, indem sie sie aufklärt und ihnen Ratschläge zu ihren Bedürfnissen in Bezug auf das gekaufte Produkt oder die Dienstleistung gibt.

Ein Verkäufer, den Sie schätzen, ist derjenige, der Ihnen die Fragen beantworten kann, die Sie haben, wenn Sie etwas kaufen wollen, insbesondere wenn es sich um einen hochpreisigen Artikel handelt. Verkäufer, die diese Voraussetzungen erfüllen, folgen dem Weg, um Ihnen zu helfen, und helfen sich in der Zwischenzeit selbst, den Verkauf abzuschließen.

Für Verkäufer, die etwas auf sich halten, ist alles Psychologie. Sie nutzen psychologische Auslöser, um jeden Tag Verkäufe zu tätigen, jeden potenziellen Verkauf. Wenn ein Verkäufer jemanden umstimmen kann, bekommt er den Auftrag.

Fragen Sie sich, wann Sie das letzte Mal einen Spontankauf getätigt haben. Warum haben Sie 500 Dollar für eine Bluse und ein paar Jeans oder 900 Dollar für ein neues Galaxy S9 Plus Telefon ausgegeben? Sind Sie mit einem bestimmten Budget einkaufen gegangen und haben mehr ausgegeben, als Sie geplant hatten?

Der Auslöser in Ihrem Gehirn hat dafür gesorgt, dass Sie diese Dinge so sehr wollten, dass Sie dem Kitzel der Begierde nachgegeben und sie gekauft haben. Der Verkäufer las, was Sie wollten, spielte mit Ihren Gefühlen und schloss den Verkauf ab.

Was vermissen Sie?

Verkäufer konzentrieren sich auf das, was Sie nicht bekommen und was Ihnen fehlt, anstatt auf das, was Sie durch den Kauf eines Produkts oder einer Dienstleistung erhalten. Im Vertrieb ist dieses Phänomen als FOMO („*Fear of Missing Out*" oder Angst, etwas zu verpassen) bekannt.

Geben Sie es zu: Sie hassen es, etwas zu verlieren, vor allem, wenn es sich um einen Verkauf handelt, der nur noch einen Tag dauert, oder wenn es nur noch wenige Stücke des Produkts oder der Dienstleistung gibt, für die Sie sich interessieren. Die Angst, etwas zu verlieren, löst im Gehirn die Kampf- oder Fluchtreaktion aus. Er löst den Auslöser und damit die Kaufhandlung aus.

Dieser Ansatz der Verkäufer ist es, der die Reaktion zum Handeln hervorruft. Die begrenzten Mengen, die auf Lager sind, verleiten die Menschen dazu, ihre Kreditkarte zu zücken und zu kaufen, um nichts zu verpassen.

Verkäufer sind darin geschult, verschiedene Taktiken anzuwenden, um zu überzeugen, zu führen, zu motivieren, Emotionen zu wecken und den Verkauf abzuschließen.

Dunkles Marketing

Dunkles Marketing zeigt die Auswirkungen der Veränderungen in der Art und Weise, wie Marken ihre Botschaft online vermitteln.

Diese Art des Marketings begann 2012, als Facebook Werbetreibenden grünes Licht für die Erstellung von Dark Posts gab, die nur für eine bestimmte Zielgruppe bestimmt sind. Andere soziale Medien wie Pinterest, YouTube, Twitter und LinkedIn begannen, diese Beiträge zu verwenden.

Diese Marketingtaktik hat sich zu einer Multi-Kanal- und Quer-Strategie entwickelt. Infolgedessen sind 85 Prozent der Facebook-Anzeigen, 60 Prozent der YouTube-Anzeigen und 90 Prozent der Twitter-Anzeigen für die Öffentlichkeit unsichtbar und werden als „dunkle" betrachtet. Nur Personen, die auf eine Marke abzielen, an der sie interessiert sind, sehen oder hören die Werbung.

Für viele Vermarkter ist diese Art der Werbung vorteilhaft, da sie die Verschwendung von Ressourcen durch flächendeckende Werbung wie das Fernsehen vermeidet. In der Fernsehwerbung sehen Millionen von Menschen dieselbe Botschaft, wobei die Möglichkeit besteht, dass nur ein kleiner Prozentsatz der Zuschauer die Werbung wahrnimmt und darauf reagiert.

Die Vermarkter versuchen, das Publikum zu erreichen, das für ihre Botschaften am empfänglichen ist, und die Zuschauer sind ein wesentlicher Bestandteil der neuen digitalen Werbeerfahrung.

Studien haben gezeigt, dass 78 % der Nutzer digitaler sozialer Medien keine Beziehung zu einer Marke aufbauen, die für ihre Interessen irrelevant ist. Wenn jedoch eine Anzeige für eine bestimmte Zielgruppe auf der Grundlage ihres Verhaltens und ihrer demografischen Daten personalisiert wird, kann die Personalisierung als Mehrwert für die Erfahrung des Verbrauchers mit einer bestimmten Marke angesehen werden. Zum Beispiel werden diejenigen, die nicht zur Altersgruppe der 12- bis 17-Jährigen gehören, Werbung für Videospiele oder PlayStation 4-Konsolen sehen.

Die Werbetreibenden werden die Konversation mithilfe von dunkles Marketing kontrollieren und die Verbraucher mit Produkten und Dienstleistungen ansprechen, die direkt auf ihr demografisches Verhalten und ihre Interessen ausgerichtet sind.

Politiker

Politiker betreiben dunkle Psychologie, um Ihre Stimme zu bekommen und hoffentlich Wahlen zu gewinnen. Sie nutzen Manipulationen, Marketing und Targeting in ihren Kampagnen, um Wahlen zu gewinnen.

Die politische Werbung und die Art und Weise, wie Politiker die Massen erreichen, haben sich in den letzten 20 Jahren dramatisch verändert. Die Zeiten, in denen man von Stadt zu Stadt zog, sind noch nicht ganz vorbei, aber das Internet und die sozialen Medien haben es einfacher gemacht, mehr Menschen zu erreichen, als es ein einzelner Politiker tun könnte, anstatt zu versuchen, mehrere Staaten in kurzer Zeit zu durchqueren. Ein Beispiel dafür sind einige politische Anzeigen, die während des Wahlkampfs 2016 auf Facebook erschienen sind.

Politische Werbung in sozialen Medien

Eine weitere Möglichkeit, dunkles Marketing zu betreiben, als Facebook im Rampenlicht stand, war die Art und Weise, wie Cambridge Analytica, ein Datenforschungsunternehmen, die Daten von 87 Millionen Facebook-Nutzern entwendete und ihre privaten Informationen ohne ihr Wissen in die Hände einer dritten Partei gelangten. Sie nutzten die Informationen in der Absicht, politische Botschaften zu verfassen, um Ängste zu schüren und ihre politischen Entscheidungen zu beeinflussen. Es werden die gleichen Techniken angewandt, mit denen Verbraucher im Einzelhandel durch Werbung angelockt werden, die mit Phrasen wie „ein Produkt wird sie glücklich machen oder ihnen das Gefühl geben, attraktiv zu sein" emotionale Reflexe auslöst.

Die verwendeten Techniken nutzten die Schwachstellen und psychologischen Veranlagungen dieser Facebook-Nutzer aus. Wähler mit einer autoritären Neigung haben vielleicht eine Anzeige über Waffenrechte auf ihrer Seite gesehen, während unsichere und ängstliche Wähler vielleicht E-Mails und Anzeigen gesehen haben, in denen von „Wallfahrtskirche-Städte" und den angeblichen Gefahren, die sie darstellen, die Rede ist.

Die meisten Facebook-Nutzer haben der Verwendung ihrer Daten nie zugestimmt und waren sich nicht bewusst, dass sie gesammelt und verkauft wurden. Obwohl Facebook mitgeteilt wurde, dass die Daten gelöscht wurden, stellte sich heraus, dass einige der Daten noch online und verfügbar waren.

Schon Jahre vor der politischen Werbung auf Facebook wurden Ende der 1990er Jahre Werbebanner auf Websites eingesetzt, aber die wirklichen Auswirkungen der sozialen Medien und der Internetnutzung zeigten sich erst in den frühen 2000er Jahren.

Twitter wurde während der Präsidentschaftswahlen 2012 in noch größerem Umfang zur Verbreitung politischer Botschaften genutzt und wird neben YouTube, Spotify, Facebook und Instagram auch bei den kommenden Wahlen weiterhin zum Einsatz kommen.

Politische Kampagnen werden weiterhin auf psycho-grafisches Marketing setzen und sich auf Themen konzentrieren, die die Wähler emotional ansprechen. Dunkle Psychologie wird in Wahlkampfbotschaften eine Rolle spielen, um Aufmerksamkeit und Stimmen zu gewinnen und um sich auf Themen zu konzentrieren, die bestimmte Gruppen betreffen.

Übung

Stellen Sie sich vor, Sie sind bei einem Vorstellungsgespräch. Im Raum sitzen Sie Ihrem Gesprächspartner direkt gegenüber, der hinter seinem Schreibtisch sitzt. Während Sie seinen Fragen zuhören, bemerken Sie, dass er keinen Augenkontakt herstellt, den Kopf senkt und die Hände zusammenhält. Er stottert, wenn er spricht. Während Sie sprechen, reibt er sich den Arm und den Hinterkopf. Wie würden Sie sich in diesem Szenario fühlen? Dies ist eine Lernmöglichkeit für Geschäftsleute und Interviewer. Es würde den Gedanken bestärken, dass der Respekt von Mitarbeitern oder potenziellen Mitarbeitern weitgehend von der Art und Weise abhängt, wie man sich verhält. In diesem Fall ist es sehr schwierig, einer Person wie dem Interviewer zu vertrauen.

Kapitel 3. Entscheidende Unterschiede in der nonverbalen Kommunikation zwischen Frauen, Männern, Kindern und Jugendlichen

Eine der einfachsten Möglichkeiten, andere zu analysieren, ist die Beobachtung ihrer Körpersprache. Die Art, wie eine Person ihre Hände hält, sich bewegt und sogar spricht, kann uns viel über sie verraten. Jeder Mensch hat viele Variationen zwischen seinen Gesten, und es gibt keinen genauen Weg, um zu wissen, was eine Person tut. Es gibt jedoch viele ähnliche Anzeichen bei Gruppen von Menschen, die Ihnen eine Vorstellung davon geben können, wie eine Person arbeitet.

Die Kultur

Wenn Sie schon einmal in einem anderen Land waren, werden Sie sicherlich festgestellt haben, dass einige der Körpersprache, die Sie zu Hause verwenden, anders übersetzt wird. Das liegt daran, dass es kulturelle Unterschiede zwischen Ihrem Land und dem Land, das Sie besuchen, gibt. Jede Gruppe von Menschen sieht die Dinge etwas anders. In diesem Kapitel werden einige der Unterschiede zwischen den Kulturen erörtert, um zu zeigen, wie verschiedene Gruppen von Menschen dem Verhalten einer Person Bedeutung verleihen können.

Die Unterschiede, die in den verschiedenen Kulturen auftreten, werden auch in vielen verschiedenen Situationen zu finden sein. Dies könnte einfach die Interaktionen zwischen verschiedenen Geschlechtern, zwischen Menschen desselben Geschlechts, die Gesprächsdistanz, die man zu Menschen haben sollte, und wie viel körperliche Berührung in einem Gespräch erlaubt sein sollte, umfassen. In einigen Kulturen wird beispielsweise körperliche Berührung als ausdrucksstark angesehen und häufig eingesetzt. Dies ist in Ländern wie Italien der Fall, wo ein Kuss auf die Wange und eine herzliche Umarmung zur Begrüßung als akzeptabel und sogar üblich gelten. In Japan hingegen beinhaltet eine korrekte Begrüßung eine respektvolle Verbeugung und keine Berührung.

Komfortabstände und persönliche Freiräume werden oft von der Kultur beeinflusst, in der man lebt oder die man besucht. Wer zum Beispiel nach Südamerika reist, wird feststellen, dass die Komfortabstände und der persönliche Freiraum viel geringer sind, als man es in anderen Kulturen erwarten würde. Die Menschen aus diesen Ländern stehen eng beieinander, wenn sie sich unterhalten; es spielt keine Rolle, ob sie sich gut kennen oder nicht. Andererseits schätzen die Menschen in den Vereinigten Staaten einen größeren persönlichen Freiraum und fühlen sich nicht wohl, wenn andere in ihrer Nähe sind, vor allem, wenn die andere Person nicht bekannt ist.

Diese Art von kulturellen Unterschieden in der Körpersprache sind oft am stärksten ausgeprägt, wenn es um geschlechtsspezifische Interaktionen geht. Viele Kulturen betrachten Männer immer noch als das dominante Geschlecht und gehen davon aus, dass Männer einen höheren Status haben als Frauen. Oft spiegelt die Körpersprache in diesen Interaktionen diese Sichtweise wider. In einigen Kulturen wird von Frauen erwartet, dass sie in der Gegenwart eines Mannes wegschauen oder ein paar Schritte hinter den Männern gehen, mit denen sie zusammen sind. Andererseits haben sich in den westlichen Kulturen die geschlechtsspezifischen Erwartungen geändert, sodass Männer und Frauen in Bezug auf eine akzeptable Körpersprache gleichgestellt sind.

Sie fragen sich vielleicht, warum diese Unterschiede in der kulturellen Körpersprache so wichtig sind. Diese sind ein direktes Ergebnis der Art und Weise, wie die Kultur denkt und handelt, und daher können Sie anhand der Körpersprache viel über diese Kultur lernen. Wenn Sie planen, ein fremdes Land zu besuchen, sei es zum Vergnügen oder aus geschäftlichen Gründen, ist es oft gut, die dortige Körpersprache zu kennen. Wenn Sie das Falsche anzeigen, könnten Sie Schwierigkeiten mit Menschen bekommen, die mit dieser Art von Verhalten nicht vertraut sind. Wenn Sie z. B. auf Geschäftsreise sind und die falsche Körpersprache verwenden, können Sie Botschaften aussenden, die dem Geschäft, das Sie abschließen wollen, schnell schaden. In der Welt der Freizeitreisen kann eine falsche Körpersprache zu feindseligen und manchmal gefährlichen Situationen führen.

Ein gutes Beispiel ist der Nahe Osten. In diesem Szenario hat ein Geschäftsmann viel mehr Spielraum, wie er seine Geschäfte führt und wo er sich bewegen kann. Er hat auch mehr Zugang zu lokalen Geschäftsmöglichkeiten auf verschiedenen Ebenen. Im Vergleich zu Frauen sind die meisten nicht in der Lage, in diesem Bereich Geschäfte zu machen, weil die kulturelle Abneigung gegen den Umgang mit Frauen oft zu schwer zu überwinden ist, sodass die meisten Unternehmen diesen Vorgang vermeiden.

Wenn Sie einen Urlaub in einem Land mit einer anderen Kultur planen, ist es vielleicht eine gute Idee, auf die dort erwartete Körpersprache zu achten, um besser zu verstehen, was vor sich geht, und um eventuelle Probleme zu vermeiden, die entstehen könnten. Falls Sie sich z. B. in Japan verirren, ist es wahrscheinlicher, dass Ihnen ein Einheimischer hilft, wenn Sie eine respektvolle Körpersprache an den Tag legen und sich an die örtlichen Gepflogenheiten halten, wie z. B. Berührungen vermeiden und sich vielleicht respektvoll verbeugen, wenn Sie um Hilfe bitten. Wenn Sie unhöflich sind oder sich nicht an die Gepflogenheiten halten, kann es schwierig sein, die benötigte Hilfe zu bekommen.

Es gibt viele verschiedene Aspekte, die man bei der Betrachtung der Körpersprache in den Vereinigten Staaten im Vergleich zu anderen Ländern berücksichtigen kann. Einige davon sind:

- **Augenkontakt -** In den Vereinigten Staaten und in Kanada ist ein gelegentlicher Blickkontakt sehr wichtig, um zu zeigen, dass man an der anderen Person interessiert ist und ihr Aufmerksamkeit schenkt. Andererseits ist in vielen Kulturen des Nahen Ostens ein intensiver Blickkontakt zwischen Menschen des gleichen Geschlechts ein Symbol für Aufrichtigkeit und Vertrauen, während ein Blickkontakt zwischen Menschen des anderen Geschlechts, insbesondere in muslimischen Kulturen, als unangemessen gilt, wenn er nicht länger als einen kurzen Moment dauert. Außerdem sehen lateinamerikanische, afrikanische und asiatische Kulturen einen längeren Blickkontakt als Herausforderung an, und die Japaner empfinden sogar ein wenig Blickkontakt als unangenehm. In einigen anderen Kulturen wird von einer Frau erwartet, dass sie ihren Blick senkt, wenn sie mit einem Mann spricht.

- **Händedruck -** In westlichen Kulturen ist es üblich, einer anderen Person zur Begrüßung die Hand zu geben. Andere Kulturen weisen einige Unterschiede auf, die Sie vielleicht überraschen werden. In vielen nordeuropäischen Kulturen wird zum Beispiel ein fester Händedruck zur Begrüßung verwendet, während in Süd- und Mittelamerika sowie in Südeuropa ein längerer Händedruck üblich ist, der als wärmer empfunden wird. Das bedeutet, dass man die linke Hand nimmt und damit die Hand, den Ellbogen und manchmal auch das Revers des anderen schüttelt. In der Türkei muss man mit dem Händedruck vorsichtig sein, der oft als aggressiv und unhöflich angesehen wird. In einigen afrikanischen Ländern ist der schlaffe Händedruck die Norm. Außerdem gibt ein Mann in islamischen Ländern niemals einer Frau die Hand, die nicht zu seiner Familie gehört.

- **Grüße -** In Amerika können verschiedene Arten von Standardgrüßen verwendet werden, die viele Menschen seit ihrer Kindheit gelernt haben. Aber diese Art der Begrüßung ist nicht überall üblich, und manchmal kann man eine andere Kultur verwirren, wenn man sie im Ausland verwendet. In Japan zum Beispiel verbeugt man sich zur Begrüßung, während man in Italien einen Kuss auf die Wange gibt.

- **Persönlicher Raum:** Jede Kultur hat eine andere Vorstellung vom persönlichen Raum. In Amerika wird er hochgeschätzt, und die meisten Menschen wollen nicht, dass andere ihnen zu nahe kommen, vor allem, wenn sie sich gerade erst kennengelernt haben. In China wäre es für Menschen, die gemeinsam Geschäfte machen, nicht akzeptabel, wenn es keinen persönlichen Freiraum gäbe. Fremde Menschen berühren sich oft bei überfüllten Treffen.

- **Berühren -** Die Berührung ist ein weiterer Aspekt, der sich je nach Land unterscheidet. In Amerika ist es zwar in Ordnung, sich zu berühren, aber in vielen Kulturen gibt es Regeln, wie dies zu geschehen hat. In islamischen Ländern darf ein Mann nur seine Frau berühren. Für England, Skandinavien und Japan ist das Berühren nicht so üblich. Lateinische Kulturen gehen in die entgegengesetzte Richtung, da Berührungen oft erwünscht sind. Bei Besuchen in anderen Ländern ist es oft am besten, sich daranzuhalten. Lassen Sie sich von anderen leiten, und Sie werden bald in der Lage sein, zu bestimmen, welches Verhalten angemessen ist. Es gibt Länder, in denen Kopfkontakt mit Kindern nicht erwünscht ist. Vermeiden Sie dies, wenn Sie nicht sicher sind, dass es akzeptabel ist.

- **Körperpflege und Kleidung -** Die einzige Gemeinsamkeit zwischen den Kulturen ist, dass das Zähneputzen in der Regel eine normale Praxis ist. Ansonsten gibt es viele Unterschiede, die Sie beim Reisen feststellen werden. In einigen Kulturen müssen sich Frauen nicht rasieren, sie tragen kein Deodorant und nehmen sich nicht viel Zeit zum Baden. Wenn Sie in ein anderes Land reisen, müssen Sie darauf achten, dass Sie niemanden beleidigen oder leicht beleidigt sind.

- **Gesten -** Selbst Handgesten haben in verschiedenen Teilen der Welt unterschiedliche Bedeutungen. Wenn Sie sich in einem anderen Land aufhalten, sollten Sie solche Gesten am besten vermeiden. Wenn Sie einer Person in einem Land eine unhöfliche Geste zeigen, wird sie vielleicht nicht wissen, was Sie tun, und nicht beleidigt sein, weil sie in ihrem Land keine Bedeutung hat. In einigen Kulturen wird der Mittelfinger als Zeigefinger verwendet, sodass sie nicht verstehen werden, was Sie zu tun versuchen. Auch das Daumen-hoch-Signal ist oft unterschiedlich. Andere Signale, auf die Sie achten sollten, sind das OK-Zeichen und das Ablegen der Hände auf die Hüften. Wenn Sie nicht sicher sind, ob sie als höflich anerkannt werden, vermeiden Sie am besten Gesten, die Sie beleidigen könnten.

Wenn es um kulturelle Unterschiede in der Körpersprache geht, ist es wichtig, im Voraus einige Kenntnisse zu haben. Auf diese Weise können Sie verstehen, was von Ihnen erwartet wird, sodass Sie Ihre Erfahrungen in dem neuen Land genießen können, ohne Probleme mit den dort lebenden Menschen zu verursachen.

Alter und Geschlecht

Körpersprachliche Zeichen sind vergleichbar. Eine Geste, die von einer einzelnen Person in einer bestimmten Position gemacht wird, kann wenig oder mehr Bedeutung haben als die gleiche Geste, die von einer Person in einer anderen Situation benutzt wird. Männer zum Beispiel zeigen viele auffällige Gesten, weil sie verfügbar, ungehemmt und lebhaft sind. Ältere Mädchen sind dagegen weniger aktiv, nehmen eine zurückhaltende Haltung ein und werden daher aufgrund ihrer Kleidung und Erziehung an auffälligen Gesten gehindert.

Bei der Bewertung der nonverbalen Kommunikation – insbesondere der Qualität der Zeichen und Andeutungen – ist es daher unerlässlich, diese relativ zu betrachten und die Art der Person und die Umstände zu berücksichtigen.

Bei der Analyse der Körpersprache – speziell der Stärke der Zeichen und Bedeutungen – ist es daher notwendig, einen Vergleich anzustellen und dabei die Art der Person und die Umstände zu berücksichtigen.

Männer und Frauen

Sie mögen vielleicht nicht gerne reden, aber Ihrem Körper ist das egal, denn er wird die ganze Arbeit für Sie erledigen! Ich könnte Ihnen sagen, dass ich wütend bin, indem ich sage: „*Ich bin sehr wütend*", aber mein rotes Gesicht, das plötzliche Zusammenpressen meines Kiefers und meine angespannte Körperhaltung sagen alles. Ihr Körper wird Sie nicht anlügen. Ihr Herz schlägt schneller, wenn Sie frustriert sind, und Ihre Schultern wölben sich, um sich vor einer scheinbar drohenden Gefahr zu schützen. Ein Händedruck kann viel darüber aussagen, wie eine Person über ein bevorstehendes Treffen (oder ein zweites Date) denkt. Mit diesen Tipps zum Lesen der Körpersprache von Menschen aus verschiedenen Kulturen kann das Verstehen nonverbaler Signale für Männer und Frauen uns helfen, die Kommunikation mit uns selbst und anderen zu verbessern.

Wenn zwei Menschen nebeneinander sitzen oder stehen, kann die Art und Weise, wie sie sich positionieren, viel darüber aussagen, wie nah sie einander sein wollen. Wenn Sie zum Beispiel Ihre Arme X-förmig über der Brust verschränken, schaffen Sie eine Barriere zwischen sich und Ihrem Gesprächspartner. Man könnte meinen, dass dies nur eine amerikanische Angelegenheit ist, aber das Verschränken der Arme ist in vielen Kulturen üblich. Für Männer könnte es einfach bedeuten, dass sie aufgrund ihres größeren Körpers mehr Platz brauchen, und das ist ja auch sinnvoll. Frauen mit verschränkten Armen könnten jedoch sagen: „*Geh weg*". Sie fühlen sich unwohl und sind aufgeregt, weil ihr persönlicher Raum verletzt wird. Wenn jemand mehr als seinen Anteil des verfügbaren Raums einnimmt (Hände auf die Hüften, Ellbogen auf den Stuhl oder Tisch gestützt), drückt er seine Dominanz oder Frustration aus.

Wir alle sind von Natur aus Raubtiere, was bedeutet, dass wir uns vor drohender Gefahr schützen müssen. Daher fühlen wir uns durch Handlungen/Gesten wie Zurücktreten und Verschränken der Arme (mit nach außen gerichteten Handflächen) sicherer, da sie eine Distanz zwischen uns und der anderen Person schaffen. Dies ist bei Kindern sehr verbreitet, aber auch Erwachsene tun dies. Wir alle haben Angst vor Ablehnung. Aus dieser Angst heraus meiden viele Menschen den Blickkontakt, weil sie wissen, dass eine Person mit gerichteten Augen ihnen eher etwas Persönliches sagen wird. Wir wollen nicht wissen, wohin jemand zum Mittagessen geht, was er am Wochenende vorhat oder was er über unser Aussehen denkt. Sie können jedoch sicher sein, dass die andere Person in ähnlicher Weise an Sie denkt. KONZENTRIEREN SIE SICH AUF IHREN KÖRPER!

Die Haltung mit den über der Brust gekreuzten Armen (wie ein „X") ist für verschiedene Kulturen respektvoll, da sie eine neutrale Situation mit anderen schafft und die Distanz zwischen sich selbst und anderen aufrechterhält. Viele Kulturen kommunizieren seit Jahrhunderten auf diese Weise. Wir haben uns jedoch so sehr daran gewöhnt, „Hallo" und „Auf Wiedersehen" und die damit verbundenen Handlungen (Händedruck, Umarmung, Verbeugung usw.) zu sagen, dass sie heute als relativ zwanglose Begrüßungen angesehen werden. Es ist ein bisschen so, wie wenn man zur Begrüßung „bitte" sagt; es ist eine Formalität. Aber im Nahen Osten (und in Asien) ist das Verschränken der Arme ein Zeichen von Respekt oder Höflichkeit. Sie sollten auch einen Händedruck in Ihr Arsenal der Körpersprache aufnehmen, denn er schafft gute Gefühle zwischen zwei Menschen, die sich gerade erst kennengelernt haben.

Frauen haben eine viel größere Bandbreite an Gesten, um ihre Gefühle auszudrücken. Eine Frau, die ihr Haar zu einem Pferdeschwanz oder einem Dutt hochgesteckt hat (was dem Zurückziehen der Schultern gleichkommt), sagt, dass ihr kalt ist. Diese Frauen sagen auch, dass sie Angst haben oder sich unwohl fühlen. Wenn Sie Frauen sehen, die Schals, Wolle oder andere warme Materialien auf dem Kopf tragen, können Sie sicher sein, dass ihnen auch kalt ist. Frauen drehen auch Stühle um, um sich einer anderen Person zuzuwenden; das bedeutet, dass sie daran interessiert sind, was die andere Person zu sagen hat. Männer tun dasselbe bei Verabredungen, beide Geschlechter wollen wissen, was der andere zu sagen hat und was er von ihm bei der Verabredung erwartet.

Frauen führen bestimmte Handlungen aus, wenn sie jemanden mögen. Aber wenn Sie immer noch nicht auf die Idee kommen, mit Frauen zu flirten, müssen Sie auch bereit sein, ihre Körpersprache zu erforschen und zu sehen, wie sie versuchen könnten, Ihnen etwas zu sagen. Eine Möglichkeit besteht darin, das Spiel „was wird passieren" zu spielen (z. B. nervöses Warten, Blick auf die Uhr/das Telefon). Wenn eine Frau ständig auf ihr Telefon oder ihre Uhr schaut, bedeutet das, dass sie sich langweilt oder Informationen zurückhält. Wenn sie immer wieder den Blick von ihrem Date abwendet, ist sie vielleicht nervös, weil sie zu hilfsbereit oder emotional über einen Aspekt ihres Lebens spricht. Männer drücken ihre Gefühle viel weniger aus und kommunizieren mehr durch Handlungen. Wenn Sie sehen, dass ein Mann oft auf die Uhr schaut, könnte das daran liegen, dass er sich in dem Gespräch langweilt und gehen möchte.

Menschen aus anderen Kulturen haben eine völlig andere Art zu kommunizieren, daher ist es wichtig, dass wir unser Handeln entsprechend anpassen. In Indien und anderen Ländern des Subkontinents (z. B. Pakistan und Iran) legen die Menschen beispielsweise ihre Handflächen in Brusthöhe zusammen und strecken einen Arm aus, um der Gottheit, einer höheren Autorität oder einer älteren Person Respekt zu erweisen. In diesen und vielen anderen Kulturen (auch in arabischen Ländern) ist es auch ein Zeichen der Wertschätzung zwischen Freunden oder Familienmitgliedern. Ich erinnere mich, dass ich auf meiner ersten Reise nach Indien ständig Menschen sah, die dies taten, und ich war zunächst etwas verwirrt, aber dann wurde mir klar, dass dies eine der vielen Arten war, wie sie ihre Zustimmung oder ihren Respekt zeigten. Wenn Sie Pakistan besuchen, werden Sie sehen, dass die Menschen dies ständig tun (oder in ländlichen Gebieten wird sogar eine Hand auf die Stirn gelegt).

In vielen Kulturen steht das Bedecken des Kopfes für Bescheidenheit gegenüber anderen Menschen. In diesen Kulturen ist es nicht unüblich, dass Frauen die Arme verschränken, wenn sie ein Hemd tragen, das den Po entblößt (während sie eine lange Hose tragen), oder als Akt der Bescheidenheit, wenn sie einen Ort der Verehrung betreten. Auch Frauen verschränken ihre Arme, wenn sie etwas bedrückt. Das kann ein Baby, ein Laptop oder einfach eine schwere Tasche sein. Manche Männer sagen vielleicht, wie süß das ist, und nennen diese Frauen „Mütter", aber in Wirklichkeit fühlen sie sich unbewusst von den mütterlichen Zügen dieser Frauen angezogen. Wenn Sie diese Geste sehen, treten Sie einen Schritt zurück und fragen Sie sich, ob die Frau sich wohlfühlt, wenn Sie sie in ein Gespräch verwickeln oder mehr über sie als Person herausfinden (selbst wenn es nur eine freundliche Frage ist).

In vielen asiatischen Ländern wird Respekt erwartet, sodass wir immer davon ausgehen sollten, dass die Menschen ehrlich zu uns sind, es sei denn, wir haben Grund, etwas anderes zu denken. Die Kulturen des Ostens sagen in der Regel das, was man hören will. Sie gehen nicht um das Thema herum und verhalten sich nicht aggressiv (weil sie als respektlos gelten). Wenn Sie in eine Situation kommen, in der jemand sehr höflich auf Chant-Fonisch, Chinesisch oder was auch immer mit Ihnen spricht, meint er es wahrscheinlich gut. Selbst wenn Sie die Sprache nicht verstehen, ist dies wahrscheinlich der Fall, wenn der Ton respektvoll ist.

Wenn wir mit jemandem aus einem anderen (vor allem asiatischen) Land Geschäfte machen, müssen wir immer ihre Kultur berücksichtigen und unser Handeln entsprechend anpassen. Denken Sie daran, dass es eine kulturelle Kluft zwischen Amerika und anderen Teilen der Welt, wie Asien und Südamerika, gibt. Es liegt an uns, diese Kluft zu überbrücken. Wir müssen lernen, Fragen zu stellen, die sie dazu bringen, Dinge zu sagen, die sie vertrauenswürdig und ehrlich erscheinen lassen. Sicher, sie mögen wie „Ja-Sager" aussehen, aber wenn sie unehrlich wären, hätten sie keinen Grund, das zu sagen, was sie sagen.

Wenn Sie diese Regeln beachten, werden Sie sich bei Geschäften mit Menschen aus einer anderen Kultur (insbesondere aus Asien) immer wohlfühlen. Aber übertreiben Sie es nicht und tun Sie nicht so, als wären Sie auf „ihrer Seite", denn dann würde es beleidigend werden.

Kinder und Jugendliche

Zunächst müssen wir darüber sprechen, warum es anders ist, die Körpersprache eines Kindes zu lesen. Der erste Grund ist, dass Kinder noch jung sind und noch nicht gelernt haben, ihre Gefühle zu kontrollieren. Wenn ein Kind traurig ist, weint es. Wenn ein Kind glücklich ist, lächelt es. Falls er oder sie wütend ist, schreit er oder sie und macht ein rotes Gesicht; wenn er oder sie sich schämt, werden seine oder ihre Wangen rot und er oder sie versteckt sein oder ihr Gesicht. Manche Kinder beschließen vielleicht sogar, Ihnen von ihren Gefühlen zu erzählen. Kinder sind neu in der Welt und haben keinen Grund, die Dinge, die sie erleben, zu verbergen.

Aus diesem Grund ist die Körpersprache von Kindern sehr leicht zu lesen. Sie können ihre Gefühle nicht kontrollieren und zeigen immer, was sie fühlen.

Ein weiterer wichtiger Punkt beim Lesen der Körpersprache von Kindern ist, dass sie noch nicht wissen, wie sie ihre Emotionen verbergen können, sodass sie sich der körpersprachlichen Signale, die sie aussenden, gar nicht bewusst sind. Sie sind nicht in der Lage, das Gegenteil von dem zu signalisieren, was sie fühlen, wie es Erwachsene tun.

Da man sich seiner eigenen Körpersprache nicht bewusst ist, ist es auch leicht zu erkennen, wenn ein Kind lügt. Es kann versuchen, die Wahrheit durch Worte zu verbergen, ist es aber nicht in der Lage, sie auch durch seine Körpersprache zu verbergen, und lässt oft durchblicken, dass es nicht die Wahrheit sagt oder einen Teil der Wahrheit weglässt.

Meine Schwester hat zum Beispiel eine fünfjährige Tochter, die vor dem Abendessen gerne heimlich Schokoladenkekse isst. Meine Schwester kontrolliert immer die Kekspackung, bevor sie mit der Zubereitung des Abendessens beginnt, damit sie weiß, wenn einer fehlt. Sie fragt ihre Tochter trotzdem, in der Hoffnung, dass sie von sich aus gesteht. Meistens versucht meine Nichte zu lügen (mein Favorit war, als sie behauptete, ihr Vater hätte den Keks gegessen). Doch egal, wie überzeugend sie auch wirken mag, sie hat ein großes Indiz dafür, dass sie lügt: ein breites Lächeln im Gesicht. Weil sie denkt, dass sie damit durchkommt, erscheint dieses Lächeln auf ihrem Gesicht, als wäre sie stolz auf ihre Täuschung. Wenn klar ist, dass sie damit nicht durchkommt, wird dieses Lächeln in der Regel durch einen anderen Hinweis ersetzt, nämlich dass sie den Kopf baumeln lässt und auf den Boden schaut, weil sie sich schämt, erwischt zu werden.

Jeder Mensch hat ein körperliches Zeichen, das ihn verrät, wenn er lügt. Zum Glück für Eltern, Erziehungsberechtigte und Lehrer sind Kinder nicht in der Lage, ihre Lügen zu verbergen, bis sie älter sind und mehr Erfahrung sowohl mit Lügen als auch mit dem Lesen ihrer eigenen Körpersprache haben.

Da wir nun wissen, wie einfach es ist, die Körpersprache eines Kindes zu lesen, wird deutlich, wie wichtig es ist, auf die Signale des Kindes zu achten. Unabhängig davon, ob Sie häufig mit Kindern zu tun haben oder nicht, müssen Sie in der Lage sein, ihre Körpersprache zu lesen, um Ihren Teil dazu beizutragen, dass unsere Kinder gesund und sicher sind. Wir können auch die Körpersprache eines Kindes nutzen, um zu entscheiden, ob es sich in einer gefährlichen Situation befindet, so wie wir auch die Körpersprache eines Erwachsenen lesen können, um festzustellen, ob er sich in einer gefährlichen Situation befindet. Die traurige Wahrheit ist, dass wir in einer Welt leben, in der Menschen Kinder missbrauchen, entführen und ihnen Schaden zufügen. Wir wollen Kindern aus solchen Situationen heraushelfen, aber es ist oft schwer zu erkennen, wenn etwas Verdächtiges im Gange ist.

Das Lesen der Körpersprache eines Kindes kann uns helfen herauszufinden, ob hinter einer Aussage mehr steckt, als es den Anschein hat. Da kleine Kinder noch nicht in der Lage sind, ihre Körpersprache zu regulieren, äußert sich das Unbehagen, das sie gegenüber einem bestimmten Erwachsenen empfinden, in der Art und Weise, wie sie sich dieser Person gegenüber verhalten. Wenn ein Kind zum Beispiel steif dasteht, seine Schultern nach vorne wölbt, um zu schrumpfen, oder den Blickkontakt mit allen vermeidet, auch mit dem Erwachsenen, der bei ihm ist, könnte das bedeuten, dass es vor etwas Angst hat. Wenn sie jedes Mal zurückschrecken, wenn der Erwachsene, mit dem sie zusammen sind, sie berühren will, könnte das bedeuten, dass jemand ihnen regelmäßig wehgetan hat, wahrscheinlich dieser Erwachsene. Nehmen wir weiter an, dass sie sich weigern, körperlichen Kontakt mit diesem Erwachsenen aufzunehmen, sich aber nicht wesentlich von ihm entfernen. In diesem Fall könnte es bedeuten, dass sie Angst davor haben, mit diesem Erwachsenen intim zu werden und etwas zu tun, was ihn verärgert.

All dies ist kein Grund, die Polizei oder den Sozialdienst einzuschalten. Die Körpersprache kann nämlich von vielen Seiten interpretiert werden. Steifes Stehen, nach vorne gebeugte Schultern oder das Vermeiden von Blickkontakt könnten zum Beispiel bedeuten, dass sich das Kind in dieser bestimmten Umgebung oder mit Fremden nicht wohlfühlt. Wenn das Kind zurückweicht und den Körperkontakt mit dem Erwachsenen vermeidet, könnte dies eher darauf hindeuten, dass das Kind ein Problem mit Körperkontakt im Allgemeinen hat oder aus irgendeinem Grund wütend auf den Erwachsenen ist als auf Angst. Sich nicht vom Erwachsenen zu entfernen, obwohl es für ein Kind ganz natürlich ist, seine Umgebung erkunden zu wollen, kann einfach darauf hindeuten, dass das Kind gut erzogen ist oder sich nicht besonders wohl dabei fühlt, seine Umgebung selbst zu kontrollieren.

Wie bei allen Lesarten der Körpersprache hängt die Bedeutung der Körpersprache eines Kindes oft vom jeweiligen Kontext ab. Wenn man das Kind und den Erwachsenen persönlich kennt, ist es vielleicht einfacher, die Bedeutung der Körpersprache zu erkennen. Wenn es sich hingegen um völlig fremde Personen handelt, wird es schwieriger sein. Das Erkennen dieser Körpersprache bei einem Kind hilft Ihnen jedoch, wachsam zu sein, sodass Sie, wenn der Verdacht aufkommt, dass das Kind missbraucht oder entführt wurde, bereit sind, einzugreifen.

Das Lesen der Körpersprache eines Kindes hilft Ihnen auch, emotional präsent zu sein. Wenn Sie ein Kind haben oder sich lange Zeit um ein Kind kümmern, wird es Sie als sein Unterstützungssystem sehen. Es braucht Ihre Hilfe, um etwas über sein Leben und die Welt um ihn herum zu lernen. Dazu gehört auch, dass man lernt, mit seinen Gefühlen umzugehen.

Manchmal empfindet ein Kind ein Gefühl, das es noch nicht zu erklären weiß. Es kann dieses Gefühl durch seine Körpersprache ausdrücken, ist aber dennoch frustriert, wenn es seine Erfahrung nicht in Worte fassen kann.

Erwachsene, die die Körpersprache lesen können, können in dieser Situation helfen. Sie können die nonverbalen Signale des Kindes lesen und sie nutzen, um ihm zu helfen, seine Gefühle verbal auszudrücken. Dies wird dem Kind helfen, seine eigenen Gefühle kennenzulernen und besser zu verstehen, wer es ist. Es wird ihm auch helfen, mit dem Wissen aufzuwachsen, dass Gefühle gesund sind und dass es richtig ist, seine Schwierigkeiten mit den Menschen in seiner Umgebung zu teilen. Wenn Sie Ihrem Kind auf diese Weise helfen und ihm diese Dinge von klein auf beibringen können, wird es im Laufe seines Lebens viel weniger emotionale Probleme haben. Dieses Verständnis ist für alle Erwachsenen wichtig, die mit Kindern zu tun haben, wie Ärzte, Lehrer und Eltern.

Eltern und Betreuer müssen ihren Kindern beibringen, wie sie ihre Körpersprache ausdrücken können. Sie müssen den Kindern auch einfache Techniken zum Lesen der Körpersprache beibringen. Vielleicht sollte man es nicht „Körpersprache lesen" nennen, weil sie es nicht verstehen würden oder das Thema langweilig fänden, aber diese Fähigkeit muss den Kindern auf kreative Weise vermittelt werden.

Sie fragen sich vielleicht, warum ich es für wichtig halte, dass Kinder die Körpersprache lesen können, denn das ist ein wissenschaftliches Thema, das manchmal kompliziert sein kann. Ich werde jetzt erklären, warum.

Erstens: Wenn Ihre Kinder verstehen, dass nonverbale Kommunikation die gleiche Bedeutung hat wie gesprochene Worte, werden sie die Menschen um sie herum auf einer neuen Ebene verstehen. Nehmen Sie zum Beispiel die Zeit, die Sie auf dem Spielplatz verbringen. Wenn sie einen Freund bitten, mit ihnen zu spielen, und dieser nein sagt, aber auf den Boden schaut und ein anderes Kind ihn anstarrt, als wolle es ihm sagen, dass es nicht mit ihm spielen soll, dann wissen sie, dass hinter dieser Situation eine andere Bedeutung steckt. Vielleicht setzen sie sich für ihren Freund ein und ermutigen ihn, das zu tun, was er möchte, oder es ist ihnen egal, was andere denken, oder sie gehen weg, ohne sich beleidigt zu fühlen, weil sie wissen, dass hinter dem Gespräch mehr steckt als nur eine abgelehnte Aufforderung zum Spielen. Es könnte auch ein Zeichen dafür sein, dass der Freund oder die Freundin vom Spiel weg gemobbt wurde, und das Kind kann einem vertrauenswürdigen Erwachsenen erzählen, was es gesehen hat.

Denken Sie auch daran, wenn Ihr Kind einen Klassenkameraden sieht, der nicht viel spricht, während es normalerweise den ganzen Tag redet. Wenn Ihr Kind die Körpersprache der Menschen in seiner Umgebung wahrnimmt, könnte es diesen Unterschied im Verhalten bemerken und das Kind fragen, was los ist. Dies könnte den Tag des Kindes tiefgreifend verändern.

Sie könnten auch die Freundschaften berücksichtigen, die das Kind bereits hat. Als Erwachsene wissen Sie, dass Sie bessere Freundschaften schließen können, wenn Sie die einfache Körpersprache lesen können. Es ist daher logisch, dass dies auch für Kinderfreundschaften gilt.

Das Kind wird auch in der Lage sein, Halbstarke zu sein, wenn es sich seiner eigenen Körpersprache bewusst ist. Sie werden verstehen, dass Handlungen wie das Verdrehen der Augen oder das Weggehen von jemandem, mit dem sie angesprochen werden, genauso weh tun wie böse Worte. Sie werden diese Handlungen verstehen und sie vermeiden, um freundlich zu den Menschen in ihrer Umgebung zu sein, während andere Kinder ihre Freunde mit solchen Handlungen versehentlich verletzen, ohne die Konsequenzen zu kennen.

Wenn ein Kind die Körpersprache kennt, kann es sicherstellen, dass sich seine Freunde bei ihm wohlfühlen. Wenn das Kind neben einem Freund sitzt, kann es erkennen, ob der Freund oder die Freundin einen engen Kontakt verträgt oder nicht. Das Kind wird verstehen, dass es am besten ist, sich zu entfernen, wenn der Freund nicht tolerierbar ist und Anzeichen von Unbehagen zeigt.

Viele dieser körpersprachlichen Verhaltensweisen lernen Kinder durch Erfahrungen im wirklichen Leben. Das einzige Problem ist, dass echte Gefühle verletzt werden, wenn man es im echten Leben erfährt, und echte Freunde fühlen sich unwohl. Je früher ein Kind diese Fähigkeiten erwirbt, desto eher kann es die Körpersprache zu seinem Vorteil nutzen.

Wie man Lügen erkennt

Tatsache ist, dass nur 54 % der Lügen genau erkannt werden können. Untersuchungen haben auch gezeigt, dass extrovertierte Menschen mehr Lügen erzählen als introvertierte und dass nicht weniger als 82 % der Lügen unentdeckt bleiben.

Die gute Nachricht ist jedoch, dass auch Menschen ihre Fähigkeit, Lügen zu erkennen, verbessern können und eine Genauigkeit von fast 90 % erreichen. Die wichtigste Frage ist, wie man erkennen kann, dass jemand lügt. Einer der ersten Schritte in diesem Prozess ist die Beobachtung des typischen Verhaltens einer Person, insbesondere beim Sprechen.

Im Wesentlichen handelt es sich um einen Prozess der Erarbeitung der sogenannten Baseline. Die Baseline ist im Wesentlichen die Art und Weise, wie sich eine Person unter normalen, nicht bedrohlichen Bedingungen verhält. Laut der Website Science of People ist es im Grunde die Art und Weise, wie eine Person erscheint, wenn sie die Wahrheit sagt. Um es klarer auszudrücken: Es könnte etwas schwierig sein, zu erkennen, wann eine Person nicht die Wahrheit sagt, wenn man sich nicht sicher ist, wie sie sich normalerweise verhält, wenn sie die Wahrheit sagt, was sehr sinnvoll ist.

Die Techniken, mit denen festgestellt werden soll, ob jemand lügt, können jedoch sehr verwirrend sein. In der Tat können diese Strategien auch sehr widersprüchlich sein. Aus diesem Grund ist es wichtig, sich zweimal zu überlegen, bevor man eine Anschuldigung erhebt, und sich zu vergewissern, dass man Lust hat, dies mehr als einmal zu tun, es sei denn, es ist wichtig, weiterzumachen und herauszufinden, was passiert ist.

Hier sind einige verräterische Anzeichen dafür, dass jemand nicht die Wahrheit sagt:

Die Verzögerung oder Pause im Verhalten

Es beginnt damit, dass man jemandem eine Frage stellt und zunächst keine Antwort erhält. Die Person beginnt mit einer gewissen Verzögerung zu antworten. Hier stellt sich eine wichtige Frage: Wie lange muss die Verzögerung dauern, bevor sie signifikant wird, bevor sie als irreführendes Zeichen betrachtet werden kann? Dies hängt von mehreren Faktoren ab. Sie können diese spezielle Übung mit einem Freund oder einer Freundin ausprobieren, indem Sie ihm oder ihr eine Frage stellen wie: „*Was hast du an einem Tag wie heute vor sechs Jahren gemacht*?"

Nachdem Sie diese Frage gestellt haben, werden Sie feststellen, dass die Person eine Pause macht, bevor sie antwortet. Das liegt daran, dass es sich nicht um eine Frage handelt, die von Natur aus eine schnelle und unmittelbare Antwort hervorruft. Selbst wenn sich die Person Zeit nimmt, über die Frage nachzudenken, ist sie möglicherweise nicht in der Lage, eine sinnvolle Antwort zu geben. Die nächste Frage wäre: „*Haben Sie an diesem Tag vor sechs Jahren einen Stoffladen ausgeraubt*?" Wenn die Person innehält, bevor sie Ihnen die gewünschte Antwort gibt, ist es sehr wichtig, die Art der Freunde, die Sie haben, mit Bedacht zu wählen.

In den meisten Fällen wird es keine Pause geben, und die Person wird wahrscheinlich einfach mit „Nein" antworten und die Geschichte auf sich beruhen lassen.

Verbale oder nonverbale Abkopplung

Das menschliche Gehirn ist so beschaffen, dass nonverbales und verbales Verhalten auf natürliche Weise zusammenfallen. Daher wird eine Unterbrechung der Verbindung in der Regel als ein sehr wichtiger Indikator für eine Täuschung angesehen. Eine sehr häufige verbale oder nonverbale Unterbrechung, auf die man achten sollte, ist, wenn jemand zustimmend nickt, während er eine „Nein"-Antwort gibt. Es kann auch vorkommen, dass eine Person ihren Kopf von einer Seite zur anderen bewegt, wenn sie mit „Ja" antwortet.

Wenn Sie dies tun würden, um zum Beispiel eine Antwort auf eine Frage zu geben, würden Sie feststellen, dass Sie die Bewegung, die Sie haben, erzwingen müssen. Aber trotz alledem werden diejenigen, die betrügerisch sind, es trotzdem tun, ohne auch nur zweimal darüber nachzudenken.

Diese Art von Indikator ist mit einer Reihe von Vorbehalten behaftet. Erstens ist diese Art von Indikator nicht für eine kurze oder ein Wort Antwort geeignet. Stattdessen ist sie nur für erzählende Antworten geeignet. Denken Sie zum Beispiel daran, dass ein Mensch schnell mit dem Kopf nickt, wenn eine Person „Nein" sagt. Dies ist lediglich eine Betonung und keine Unterscheidung. Zweitens ist es sehr wichtig, nicht zu vergessen, dass in einigen Kulturen ein Kopfnicken nicht unbedingt „Ja" bedeutet. In diesen Kulturen bedeutet selbst eine seitliche Bewegung des Kopfes nicht, dass die Person „Nein" sagt.

Verstecken der Augen oder des Mundes

Täuschende Menschen verbergen immer ihre Augen oder ihren Mund, wenn sie nicht die Wahrheit sagen. Es besteht die Tendenz, eine bestimmte Lüge zu vertuschen. Wenn also eine Person bei der Beantwortung einer bestimmten Frage die Hand vor dem Mund bewegt, ist dies von Bedeutung.

In einem ähnlichen Fall kann das Verstecken der Augen eine Neigung sein, eine Person vor dem Einfluss derjenigen zu schützen, denen gegenüber ihnen lügen könnte. Wenn eine Person bei der Beantwortung einer Frage die Augen abschirmt oder verdeckt, kann dies auch ein Zeichen dafür sein, dass sie die Reaktion auf die Lüge, die sie erzählt, unbewusst nicht sehen kann. In den meisten Fällen bedeckt man die Augen mit der Hand, oder man entscheidet sich sogar, sie zu schließen. Blinzeln hat nichts damit zu tun, aber wenn eine Person ihre Augen schließt, während sie eine Frage beantwortet, die kein Nachdenken erfordert, kann dies als eine Art, die Augen zu verbergen, betrachtet werden und ist somit ein möglicher Indikator für Täuschung.

Schlucken oder Reinigen des Rachens

Wenn eine Person laut Speichel schluckt oder sich räuspert, bevor sie eine bestimmte Frage beantwortet, dann gibt es ein

Problem. Wenn jedoch eine dieser Aktionen nach der Beantwortung der Frage durchgeführt wird, besteht kein Grund zur Sorge. Geschieht dies jedoch vor der Beantwortung einer Frage, dann müssen bestimmte Aspekte analysiert werden.

Die Person könnte das nonverbale Äquivalent der folgenden verbalen Aussagen machen: *„Ich schwöre bei Gott"*. Dies ist eine der besten Möglichkeiten, die Lüge vor der Präsentation aufzubereiten. Aus physiologischer Sicht kann die Frage eine Art von Angst hervorgerufen haben, die auch Trockenheit und Unbehagen im Hals und im Mund verursachen kann.

Hand-zu-Hand-Aktionen

Eine weitere Möglichkeit, um festzustellen, ob jemand lügt, besteht darin, zu prüfen, was er mit seinem Gesicht oder in seinem Kopfbereich macht, wenn ihm eine Frage gestellt wird. In der Regel lecken oder beißen sie sich auf die Lippen oder spitzen sogar die Lippen zusammen. Der Hauptgrund für dieses Verhalten spiegelt eine der einfachen wissenschaftlichen Fragen wider, die normalerweise in der Hochschule diskutiert werden. Wenn man jemandem eine Frage stellt und merkt, dass sie eine Art Angstschock auslöst, muss man daran denken, dass die richtige Antwort schädlich sein wird. Im Gegenzug wird das autonome Nervensystem aktiviert und versucht, die Angst abzubauen, die scheinbar viel Blut aus der Oberfläche der Extremitäten, den Ohren und dem Gesicht abfließen lässt. Die Wirkungen können einen Juckreiz oder ein Kältegefühl hervorrufen. Ohne dass der Betroffene es merkt, werden seine Hände zu den genannten Stellen geführt und möglicherweise gerieben oder gequetscht. Und schon haben Sie vielleicht einen irreführenden Indikator entdeckt.

Die Berührung der Nase

Frauen führen diese besondere Geste in der Regel mit kleineren Strichen aus als Männer, um ihr Make-up nicht zu verschmieren. Eines der wichtigsten Dinge, an die man sich erinnern sollte, ist, dass diese Art von Aktion im Kontext gelesen werden muss, da die Person jede Art von Erkältung oder Fieber haben könnte.

Laut einer Gruppe von Wissenschaftlern der *Smell & Taste Treatment and Research Foundation* mit Sitz in Chicago werden beim Lügen Chemikalien, sogenannte Katecholamine, freigesetzt, die das Gewebe im Inneren der Nase anschwellen lassen. Wissenschaftler haben eine spezielle Bildgebung-Kamera eingesetzt, die den Blutfluss im Körper sichtbar macht, und konnten zeigen, dass absichtliches Liegen auch zu einem Anstieg des Blutdrucks führen kann. Diese Technologie zeigt, dass die menschliche Nase dazu neigt, sich im Liegen mit Blut zu füllen, dies ist der sogenannte Pinocchio-Effekt.

Durch den erhöhten Blutdruck schwillt auch die Nase an und kribbelt, was zu einer Art grobem Reiben mit der Hand führt, um den Juckreiz zu unterdrücken.

Die Schwellung ist mit bloßem Auge nicht sichtbar, ist aber in der Regel die Ursache für die Geste des Berührens der Nase. Das gleiche Phänomen tritt auf, wenn eine Person wütend, ängstlich und aufgebracht ist. Der amerikanische Psychiater Charles Wolf und der Neurologe Alan Hirsch haben eine detaillierte Analyse von Bill Clintons Aussagen vor dem großen Geschworenengericht über seine Affäre mit Monica Lewinsky vorgenommen. Sie stellten fest, dass er, wenn er ehrlich war, selten seine Nase berührte. Wenn er jedoch log, runzelte er die Stirn, bevor er seine Antwort gab, und berührte seine Nase alle vier Minuten, also insgesamt 26 Mal. Die Wissenschaftler fanden auch heraus, dass der ehemalige US-Präsident seine Nase überhaupt nicht berührte, wenn er Fragen wahrheitsgemäß beantwortete.

Im Gegensatz zu einer Nase, die vielleicht nur leicht juckt, wird das Jucken der Nase in der Regel durch absichtliches Kratzen oder Reiben gestillt. Normalerweise ist ein Juckreiz ein sich wiederholendes und isoliertes Signal, das aus dem Kontext gerissen wird oder nicht mit der allgemeinen Konversation der Person übereinstimmt.

Reiben der Augen

Wenn ein Kind etwas nicht sehen will, kann es sich nur die Augen zuhalten. Normalerweise tut er dies mit beiden Händen. Wenn ein Erwachsener hingegen etwas für ihn Unangenehmes nicht sehen will, wird er sich wahrscheinlich die Augen reiben. Das Reiben der Augen ist ein Versuch des Gehirns, Zweifel, Täuschung oder alles Unangenehme, das es sieht, auszublenden. Man tut dies auch, um der Person, die man anlügt, nicht ins Gesicht zu sehen. Männer reiben sich in der Regel fest die Augen und schauen vielleicht weg, wenn es sich um eine glatte Lüge handelt.

Frauen verwenden die Geste des Augenreibens seltener. Stattdessen werden sie kleine, zarte Berührungen direkt unter den Augen vornehmen, weil sie das Make-up, das sie tragen, nicht beeinträchtigen wollen oder weil ihnen beigebracht wurde, viele Gesten zu vermeiden. Manchmal versuchen sie auch, den Blicken des Zuhörers auszuweichen, indem sie versuchen, wegzuschauen.

Eine häufig verwendete Redewendung ist „*nach Strich und Faden lügen*". Der Begriff wird für eine Reihe von Gesten verwendet, die ein falsches Lächeln und zusammengebissene Zähne darstellen, begleitet von dem berühmten Reiben der Augen. Es ist eine übliche Geste, die von Filmschauspielern verwendet wird, um ein gewisses Maß an Unehrlichkeit zu zeigen, und von anderen Traditionen, wie z. B. den Engländern, die es vorziehen, nicht zu sagen, was genau sie denken.

Übung

Die Kunden wollen nicht mit jemandem verhandeln, den sie nicht mögen. Sie haben immer die Mentalität, dass jemand anderes ihr Geld verdient und nicht eine unhöfliche Person. Unternehmer müssen die Mentalität haben, Kunden oder andere Personen im Unternehmen nicht zu verprellen, weil sie sich als potenzielle Investoren, Partner oder Kunden erweisen. Schreiben Sie in ein Notizbuch, welche Art von Geschäftsmann Sie gerne sehen würden. Schreiben Sie in einer weiteren Spalte auf, welche Art von Geschäftsleuten Ihrer Meinung nach Ihre Zeit und Ihr Geld nicht wert sind. Dies ist ein wichtiges Instrument für Geschäftsleute, um zu verstehen, welches Image sie pflegen müssen, um erfolgreich zu sein. Außerdem enthält es wichtige Informationen über den Kundendienst.

Kapitel 4.
Nonverbale Paarkommunikation: Worauf man achten muss und was man nicht tun sollte

Verwendung der Körpersprache in Beziehungen

Normalerweise flirtet eine Person mit dem anderen Geschlecht mit Worten. Zum Flirten gehört aber auch die nonverbale Kommunikation. Was auch immer eine Person sagt, ohne Worte zu benutzen, kann ihr helfen, ein Date zu bekommen. Wenn es ihr gelingt, verbale und nonverbale Kommunikation nahtlos miteinander zu verknüpfen, kann sie sogar schon nach dem ersten Date eine Beziehung eingehen.

Wenn das Werben durch Vorbeugung erfolgreich ist, fühlt sich der potenzielle Partner abenteuerlustiger und selbstbewusster. Im Wesentlichen geht er oder sie von der Besorgnis zu Zweifeln über, dass er oder sie eine Verbindung mit der anderen Person herstellen kann. Zu diesem Zeitpunkt wird es wahrscheinlich noch weitere Verabredungen geben. Laut Fennis und Stel werden bei der Strategie der aufmerksamen Körpersprache kleine, aber präzise Gesten eingesetzt. Die Person spricht und bewegt sich langsamer. Außerdem wird eine eher nach hinten als nach vorne angelehnte Haltung eingenommen, wodurch sich der Gesprächspartner in der Regel eingeengt fühlt.

Zu Beginn der Balz sollten beide Individuen versuchen, ihre dominante Position zu minimieren, indem sie den von ihnen beanspruchten Raum verkleinern. Als Fremde sind die Grenzen des persönlichen Raums noch weit, und beide Personen müssen die Nähe ihrer Interaktionen respektieren. Aggressive Gesten wie Grimassen schneiden, Fäuste ballen, Augenbrauen zusammenziehen, Augen rollen, Arme verschränken oder übermäßiges Starren sollten vermieden werden. Die Person muss auch sehr kokette Varianten vermeiden, um die andere Person nicht zu entfremden. Zum Beispiel zwinkern, mit der Zunge oder den Lippen spielen, mit sinnlichen Körperteilen wie dem Nacken, den Schultern oder den Beinen spielen und die Beine weit öffnen. Die Person sollte angespannt bleiben, wobei die Hände entspannt im Schoß oder auf den Hüften liegen. Die Schultern sollten entspannt, aber aktiv sein und das Gesicht sollte sichtbar fröhlich und aufmerksam sein. Letzteres wird durch Lächeln oder Nicken erreicht.

Die Verwendung einer wachsamen Körpersprache mag ein wenig distanziert, nicht bedrohlich, ruhig und gelassen wirken, da beide Parteien sich fremd sind. Es ist am besten, dem möglichen Partner persönlichen Raum zu geben, um die verbale Sprache zu unterstützen, damit sich die andere Partei wohlfühlt. Wenn sich seine Körpersprache ändert, werden sich seine Schultern entspannt anfühlen. Sie wird sich mehr vorbeugen, lächeln und mehr Augenkontakt herstellen.

Beziehungen sind nur dann wirklich erfolgreich, wenn sich beide Personen vom Ziel der Prävention entfernen. Wenn Partner heiraten, Kinder bekommen oder andere langfristige Verpflichtungen eingehen, ohne dass sie sich miteinander wohlfühlen, ist die Wahrscheinlichkeit groß, dass die Beziehung scheitert. Langfristige Verpflichtungen belasten die Beziehung des Paares auf persönlicher Ebene. Wenn sich die beiden immer noch nicht ganz wohl miteinander fühlen und sich immer noch so verhalten, dass sie sich in der Beziehung sicher fühlen, kann eine langfristige Bindung die Situation verschlimmern und möglicherweise dazu führen, dass die beiden die Beziehung beenden.

Der Fokus auf die Beförderung kann beginnen, wenn die andere Partei sich wohler fühlt. Die Gesten werden breiter, offener und lebhafter. Sprache und Bewegungen sind schneller und energischer. Die Körperhaltung ist nach vorne geneigt, um Erregung und Interesse zu vermitteln. In dieser Phase der Beziehung werden die Partner immer intimer. Sie spielen häufiger mit ihren Körpern und lassen sich gegenseitig berühren oder kommen einander näher, wenn sie interagieren.

Es ist leicht zu erkennen, ob der andere Partner glücklich ist. Die Körpersprache kann positive oder negative Hinweise geben. Eine positive Körpersprache kann darin bestehen, dass sich der andere Partner auf die Person zubewegt. Weitere Verhaltensweisen sind: längerer Augenkontakt, Lächeln, spielerisches Streicheln der Haare oder des Schmucks, Handflächen nach oben und ausgestreckte Arme, bequeme und nicht gekreuzte Beine, schüchterner Blick nach unten, fröhliches Schlurfen mit den Füßen und Zeigen auf den anderen Partner.

Bei der negativen Körpersprache entfernt sich der Partner vom anderen, um Raum zu schaffen. Dies signalisiert eine Abneigung gegen das, was der andere verlangt oder tut. Zu den negativen nonverbalen Bewegungen gehören auch das Grimassieren, das Augenrollen zur Seite, das Stirnrunzeln, das Reiben des Hinterkopfes, das Kratzen an der Nase, das Schließen der Hände, das Kratzen an den Augen, das Drehen der Handflächen nach unten, das Verschränken der Arme, das Steifhalten und Überkreuzen der Beine und das Abwenden der Füße vom anderen Partner.

Eine Person kann verstehen, wie sich die andere fühlt, indem sie nach Kombinationen von Verhaltensweisen sucht. Im Allgemeinen bedeuten positive Hinweise, dass sich das limbische System der anderen Person in eine positive, gute und glückliche Richtung bewegt. Die andere Person fühlt sich glücklich über das ihr gegenüber gezeigte Verhalten. Negative Hinweise hingegen deuten darauf hin, dass sich das limbische System des anderen Partners in eine gestörte, negative und unangenehme Richtung bewegt. Es ist besser, die Informationen zu nutzen, um die Vorgehensweise zu ändern, oder zu warten, bis die andere Person ihre Stimmung ändert.

Die Körpersprache kann eine sehr wichtige Rolle beim Aufbau und der Pflege einer Beziehung spielen. Denken Sie immer daran, auf die nonverbalen Signale Ihres Partners zu reagieren und seine Individualität zu respektieren. Bevor Sie sich binden, sollten Sie versuchen, ein Vertrauensverhältnis aufzubauen und sich mit der anderen Person wohlzufühlen. Denken Sie daran, dass Sie Ihren Partner nicht kontrollieren können und dass Sie beide die Grenzen des anderen respektieren müssen.

Es gibt viele nonverbale Signale, die den unterschiedlichen Grad der Intimität zwischen zwei Personen anzeigen. Ein solides Verständnis dieser Signale ist entscheidend dafür, dass die Beziehung funktioniert.

Nonverbale Kommunikation ist der Teil der Kommunikation, der ohne Worte auskommt. Einige der wichtigsten Informationen, die wir durch nonverbale Botschaften an andere weitergeben, sind unsere Körpersprache und unser Tonfall.

Wir kommunizieren durch Nachahmung, Verbeugung, Gesten und Nachahmung, um sicherzustellen, dass wir verstanden werden. Es ist ein Mittel, um Daten über eine Person zu erhalten, indem wir uns in ihre Lage versetzen. Wenn eine Person sieht, dass Sie auf sie zugehen, muss sie wissen, was Sie von ihr wollen. Sie müssen mit ihr durch Ihre Bewegungen, Ihre Gesten und Ihren Schritt kommunizieren.

Für eine gesunde Beziehung zwischen zwei Menschen ist es wichtig, die nonverbalen Signale zu verstehen, die jeder Mensch aussendet. Nonverbale Signale sind wichtig, weil sie eine offensichtlichere und einfachere Art der Kommunikation zwischen Menschen sind. Sie können jedoch missverstanden und fehlinterpretiert werden.

Bei der Partnersuche kommuniziert eine Person mit vielen verschiedenen Menschen aus allen Lebensbereichen, nicht nur mit der Person, an der sie interessiert ist. Daher ist es wichtig zu wissen, wie man die nonverbale Kommunikation interpretiert, um mit diesen verschiedenen Arten von Menschen umgehen zu können.

Die Körpersprache, die ein Mensch aussendet, zeigt seine wahren Gefühle gegenüber anderen und hilft ihm, auch die Gefühle anderer aufzuspüren. Einige nonverbale Signale sind beabsichtigt, andere entstehen zufällig. So kann beispielsweise ein stressiges oder lästiges Gespräch dazu führen, dass eine Person körperlich reagiert. Es kann sein, dass er oder sie anfängt, mit den Fingern auf den Tisch zu klopfen oder die Arme vor der Brust zu verschränken, wenn er oder sie nicht spricht oder keinen Blickkontakt mit der anderen Person aufnimmt. Andere Menschen schauen vielleicht weg, wenn eine Person verärgert wirkt.

Wenn zwei Menschen verliebt sind, sind sie in der Lage, die nonverbalen Signale des anderen zu lesen und die Körpersprache aufzugreifen. Aus diesem Grund ist es in jeder Beziehung wichtig, dass zwei Menschen in der Lage sind, sich ohne Worte zu unterhalten. Worte können nämlich Dinge vermitteln, die nicht wirklich gemeint sind, oder Dinge bedeuten, die nicht der

Wahrheit entsprechen und zu Missverständnissen führen können.

Wenn zwei Menschen noch nicht viel Zeit miteinander verbracht haben, kann es zu Verwirrung über die Bedeutung der nonverbalen Signale bei der Partnersuche kommen. Hier sind die häufigsten:

- Kopf geneigt, Hals entblößt
- Verlangsamung der Blinzelrate
- Schläfrige Augen
- Errötete Wangen
- Anstarren
- Nach vorne lehnen
- Abstand zwischen den Fingern
- Schulter nach unten und nach vorne
- Gesenkter Tonfall
- Wackelndes Bein unter dem Tisch

Geneigter Kopf, der den Hals entblößt

Dieses nonverbale Signal kann von Männern oder Frauen gesendet werden, um jemandem, an dem sie interessiert sind, Unterwürfigkeit zu zeigen. Die Person, die sich verneigt, zeigt, dass sie aufgeschlossen ist und sich bei ihrem Gesprächspartner wohl fühlt. Es ist sehr wahrscheinlich, dass diese Person mehr als nur Freundschaft in ihrer Beziehung zu Ihnen sucht.

Geschlossene oder halb geschlossene Augen

Dies wird oft mit Langeweile verwechselt, kann aber auch ein Zeichen von Anziehung sein, je nachdem, welche anderen nonverbalen Signale die Person zeigt. Wenn Sie sich in einem Gespräch befinden, das ansonsten zwanglos zu sein scheint, und Ihr Gesprächspartner starrt Sie ausdruckslos an, könnte dies neben anderen Signalen ein Zeichen von Anziehung sein.

Neigen des Kopfes nach oben oder nach unten

Dieses nonverbale Zeichen kann bedeuten, dass die Person von Ihnen gesehen werden möchte. Wenn eine Person solche leichten Bewegungen macht, kann das eine Art sein, Sie anzuschauen und ihr Interesse an Ihnen zu zeigen. Dies ist auch der Moment, in dem er/sie sich mehr über seine/ihre Gefühle für Sie öffnet.

Die Häufigkeit des Blinzelns verlangsamt sich

Dies ist ein übliches Signal, das Menschen zeigen, wenn sie an jemandem interessiert sind. Wenn eine Person ein- oder zweimal langsam blinzelt, ist es möglich, dass die Aufmerksamkeit der anderen Person sie beruhigt und sie signalisiert, dass sie mit Ihnen zusammen sein möchte. Dies ist auch ein Zeichen von Interesse an der Beziehung. Wenn Sie es also sehen, folgen Sie ihm!

Schnelle Augenbewegung

Dies kann bedeuten, dass die Person ihre Emotionen nicht unter Kontrolle hat, was ein gutes Zeichen dafür sein kann, sich sozial zu engagieren. Sie sollten diese nonverbalen Signale so nehmen, als ob sie wahr wären, und der Situation nachgehen, um zu sehen, ob hinter dem, was er/sie in Bezug auf die Gefühle gegenüber einer anderen Person sagt, mehr steckt.

Schläfrige Augen

Wenn eine Person schläfrige Augen hat, kann das bedeuten, dass sie der Situation überdrüssig ist oder kein Interesse an dem Gespräch hat. Dieses Signal deutet darauf hin, dass eine Person vom Thema oder der Konversation gelangweilt ist, oder dass sie sich mit Ihrer Anwesenheit im Allgemeinen langweilt.

Zu viel Lächeln

Wenn jemand viel lächelt, will er glücklich erscheinen, aber das kann ein Zeichen von Täuschung sein. Vielleicht täuschen sie ihre Gefühle nur vor und fühlen sich nicht wohl bei Ihnen. Wenn Sie wissen wollen, was Ihr Gesprächspartner wirklich von Ihnen hält, schauen Sie ihm in die Augen, wenn er mit Ihnen spricht. Auf diese Weise können Sie feststellen, ob Ihr Gesprächspartner wirklich an dem interessiert ist, was Sie sagen, und in welche Richtung das Gespräch geht.

Errötete Wangen

Karikaturisten und Künstler gehören zu den weltbesten Lesern von nonverbalen Signalen und Körpersprache. Warum haben sie ein solches Talent für die Darstellung menschlicher Handlungen in Zeichnungen? Wenn sie nicht gerade malen, achten sie darauf, wie sich die Menschen in allen erdenklichen Situationen verhalten. Sie analysieren die Körpersprache von normalen Menschen. Sie wissen, was sie tun.

Wenn Sie sich zum Beispiel einen Zeichentrickfilm ansehen und die weibliche Maus zum ersten Mal auf das Männchen trifft, können Sie einige Dinge erkennen, die in diesem Moment passieren werden. Das Erste, was sie tun wird, ist, mit den Augen zu blinzeln. Und dann? Sie verschränkt ihre Finger und drückt ihre Handgelenke und Handflächen sanft nach außen und unten.

Errötete Wangen deuten auf Verlegenheit und, in seltenen Fällen, auch auf Frustration hin. Sie können auch Erregung und sexuelles Verlangen anzeigen. Es läuft alles sehr gut, als Sie die Rötung im Gesicht Ihres Dates bemerken.

Anstarren

Wenn eine Person Ihnen in die Augen schaut und nicht blinzelt, kann das bedeuten, dass sie an Ihnen interessiert ist. Manchmal kann dieses nonverbale Signal auch bedeuten, dass die Person aufrichtig meint, was sie sagt. Wenn die Person von Ihnen wegschaut, könnte das bedeuten, dass ihre Worte nicht wahr sind.

Nach vorne lehnen

Das kann bedeuten, dass die Person an dem, was Sie zu sagen haben, interessiert ist und sich auf das Thema oder das Gespräch freut. Wenn Sie sich nach vorne lehnen, deutet dies auch darauf hin, dass eine Person mehr über das Thema erfahren oder näher an Ihr Gesicht herankommen möchte. Dies kann ein guter nonverbaler Hinweis darauf sein, dass die Person an Ihnen interessiert ist.

Hochgezogene Augenbrauen

Hochgezogene Augenbrauen zeigen an, dass eine Person von dem, was Sie sagen, überrascht oder schockiert sein könnte. Es könnte auch bedeuten, dass er/sie nicht sicher ist, ob das, was Sie sagen, einen Sinn ergibt, also heben Sie die Augenbrauen, um zu versuchen, besser zu verstehen.

Abstand zwischen den Fingern

Eng beieinander liegende Finger sind ein Zeichen für eine offene Person. Beieinander liegende Finger zeigen an, dass die

Person sich wohlfühlt und ein Gefühl der Sicherheit bei dem hat, was sie sagt oder erzählt.

Schultern nach unten und nach vorne

Wenn die Schultern einer Person nach vorne geneigt sind, ist es möglich, dass sie sich mit dem, was Sie sagen, oder dem Gespräch, das Sie führen, nicht wohlfühlt. Dies kann auch ein Zeichen der Verteidigung oder des Verbergens von etwas im Gespräch sein.

Quetschen der Hände oder Einklemmen der Nägel

Dieses Zeichen kann verwendet werden, um anzuzeigen, dass jemand bei dem, was er sagt oder tut, nervös ist. Das Verstecken der Hände ist üblich, könnte aber ein Zeichen dafür sein, dass Sie nach Strich und Faden lügen und versuchen, mit der Tat davonzukommen.

Erkennen von Wut

Es ist auch notwendig, die Wut der Menschen in unserer Umgebung zu erkennen. Frauen neigen dazu, ihre Wut anders zu zeigen als Männer. Männer sind lautstark und sprechen direkt über ihre Wut. Reife Männer sprechen logisch über die Dinge, die sie wütend machen, während weniger reife Männer dazu neigen, ihre Wut zu zeigen. Auch an ihrem Gesichtsausdruck können Sie leicht erkennen, dass sie wütend sind. Ihr Blick ist tendenziell intensiver und ihre Kiefermuskeln sind ausgeprägter.

Frauen hingegen drücken ihre Wut aus, indem sie das Thema, das sie wütend gemacht hat, überhaupt nicht ansprechen. Wenn sie gefragt werden, antworten sie mit gängigen Ausdrücken wie „nichts" oder „egal". Sie wissen, dass sie wütend sind, weil sie versuchen, Anzeichen von Zuneigung und Aufmerksamkeit so weit wie möglich zu vermeiden. Auf diese Weise zeigen sie ihre Wut.

Verstehen, wenn er/sie das Interesse verliert

Ein Mann sollte auch die Anzeichen dafür erkennen, dass eine Frau das Interesse an ihm verliert, und die notwendigen Schritte unternehmen, um sicherzustellen, dass die Beziehung intakt bleibt. In den meisten Fällen neigen Frauen dazu, Anzeichen von Verletzlichkeit schnell zurückzuziehen, wenn sie ihr Interesse verlieren. Auch berührungsempfindliche Körperteile wie das Handgelenk und die Innenseite des Oberarms sind größtenteils nicht zu sehen. Sie neigen auch dazu, ihren Nacken nicht zu entblößen. Dominante Frauen, die ihre Verletzlichkeit nicht zeigen wollen, wollen den Raum um sie herum nutzen. Wenn sie eine Tasche tragen, klammern sich Frauen, die sich bei dem Mann, mit dem sie zusammen sind, nicht wohlfühlen, an die Tasche und erlauben dem Mann nicht, sich ihnen zu nähern.

Ein Mann kann ihr Interesse zurückgewinnen, indem er schnell Gesten macht, die sie als bedeutungsvoll empfindet. Jede Frau hat eine andere Definition von einer bedeutungsvollen Geste, und es liegt in der Verantwortung des Mannes, die richtige zu finden.

Übung

Beobachten Sie Paare auf der Straße oder an öffentlichen Plätzen. Welche Gesten machen sie einander gegenüber? Glauben Sie, dass Sie das auch bei anderen Menschen tun können? Sie sind in der Lage, es miteinander im öffentlichen Raum zu tun, weil sie sich miteinander wohlfühlen. Sie können nicht mit jedem dasselbe tun, weil Sie den persönlichen Raum der anderen respektieren müssen. Nur wenn Sie sich miteinander wohlfühlen und damit einverstanden sind, was der andere tun möchte, können Sie diese Art von Aktionen durchführen. Dies ist eine Lernmöglichkeit, denn manche Menschen mögen es generell nicht, wenn man ihnen seine Zuneigung öffentlich zeigt. Sie sind der Meinung, dass der persönliche Raum einer Person nicht ohne weiteres verletzt werden sollte und dass andere Personen nicht in der Lage sein sollten, die betreffende Handlung zu beobachten.

Welche Körpersprache stellen Sie sich bei Ihrem idealen Partner vor? Wäre es für Sie in Ordnung, wenn er oder sie ständig Grimassen schneidet, stöhnt oder andere aggressive oder unangemessene Gesten macht? Die Attraktivität einer Person wird stark davon beeinflusst, wie sie sich verhält. In jedem Fall spielt die Körpersprache eine wichtige Rolle bei der Überzeugung anderer Menschen, da sie von ihnen direkt beobachtet werden kann. Nutzen Sie diese Gelegenheit, um zu lernen, wie wichtig die Körpersprache für die Wahrnehmung durch andere ist. Nur wenn Sie körpersprachlich angenehmer und sympathischer werden, fühlen sich andere nicht durch Ihre Anwesenheit eingeschüchtert.

Kapitel 5.
Wie meistert man ein Vorstellungsgespräch mit Mimik?

Die Interviewer suchen nach einer großartigen Person, die sie an Bord begrüßen können. Neben Ihrem Lebenslauf sagt auch Ihre Körpersprache viel über Sie aus. Gut informierte Arbeitsuchende sollten sich dessen bewusst sein. Ihre Gestik, Ihre Mimik, Ihre Körperbewegungen und Ihre Körperhaltung können über Ihren Ruf während des Vorstellungsgesprächs entscheiden oder ihn zerstören.

Die Wahrheit ist, dass Vorstellungsgespräche stressig sind und Ihre Körpersprache meist anders ist als sonst. Leider kann dies Ihre Chancen, die gewünschte Stelle zu bekommen, schmälern. Um Ihren ersten Eindruck, Ihre Glaubwürdigkeit und Ihr Selbstwertgefühl zu verbessern und hoffentlich die Stelle zu bekommen, finden Sie hier einige Tipps:

Tipps zur Körpersprache bei Vorstellungsgesprächen

Meistens sind Vorstellungsgespräche auch sehr wettbewerbsorientiert, und jeder Bewerber hat ein paar Tricks in petto, um sicherzustellen, dass er am Ende des Tages die Stelle bekommt. Viele Bewerber achten jedoch nicht auf ihre Körpersprache.

Experten sind oft der Meinung, dass eine gute körpersprachliche Kommunikation auch dazu beitragen kann, einen Job zu bekommen, da dies eines der vielen Elemente ist, die Interviewer verwenden, um den Charakter eines Bewerbers zu bestimmen.

Um sicherzustellen, dass Sie die Person sind, die nach einem Vorstellungsgespräch die Stelle bekommt, sollten Sie das tun:

Richtiges Sitzen

Setzen Sie sich fest und aufrecht mit dem Rücken an den Stuhl. Dies zeigt den Gesprächspartnern, dass Sie eine sehr selbstbewusste Person sind. Wenn Sie so sehr daran gewöhnt sind, krumm zu sitzen, dass es Ihnen schwerfällt, aufrecht zu sitzen, können Sie diesen nützlichen Trick anwenden: Setzen Sie sich aufrecht hin und stellen Sie sich vor, dass ein Seil vom Dach herabhängt, das Sie am Kopf hochzieht. So verhindern Sie, dass Sie unbewusst die Schultern hängen lassen.

Vermeiden Sie direkten Kontakt mit den Augen

Bei der Kommunikation ist es wichtig, Blickkontakt zu halten. Halten Sie bei Vorstellungsgesprächen jedoch eher Gesichts- als direkten Augenkontakt. So wirken Sie engagiert und interessiert an der Diskussion. Stellen Sie sich vor, dass sich ein Gegenstand auf dem Gesicht des Gesprächspartners dreht, und folgen Sie diesem Gegenstand mit Ihrem Blick. Sie können Ihren Blick von der Stirn der Person auf die Nasenlöcher, die Lippen, die Augen usw. lenken, damit Sie nicht auf den Gesprächspartner starren und ratlos wirken.

Handgesten verwenden

Bei Vorstellungsgesprächen sollten Sie auch Handgesten zu Ihrem Vorteil nutzen. Wenn Sie Ihre Hände nicht benutzen, könnten die Gesprächspartner missverstehen, dass Sie sie verstecken, was bedeutet, dass Sie ängstlich sind oder sich selbst nicht trauen. Dies sind nicht die Dinge, die Sie bei einem Vorstellungsgespräch zeigen wollen.

Handflächen heben

Im vorigen Abschnitt haben wir darüber gesprochen, was es bedeutet, während eines Gesprächs die Handflächen offen zu halten. Es bedeutet, ehrlich zu sein und nichts zu verbergen zu haben. Achten Sie bei Vorstellungsgesprächen auf eine offene Körpersprache und heben Sie die Handflächen, um Vertrauen aufzubauen und sich als selbstbewusste und aufrichtige Person zu präsentieren.

Stellen Sie Ihre Füße auf den Boden

Setzen Sie sich aufrecht hin, mit dem Gesicht zu Ihrem Gesprächspartner, und stellen Sie Ihre Füße auf den Boden. Drehen Sie sich zu keinem Zeitpunkt des Gesprächs zur Tür hin um.

Atmen Sie

Ihnen zu sagen, dass Sie vor, während und unmittelbar nach einem Vorstellungsgespräch nicht ängstlich sein sollen, wäre zu viel verlangt, denn jeder, selbst die selbstbewusstesten Menschen, verspüren vor einem wichtigen Gespräch wie einem Vorstellungsgespräch eine gewisse Angst und Beklemmung.

Auch wenn Sie innerlich aufgewühlt sind, lernen Sie, Ihre Angst zu kontrollieren, damit sie nicht so offensichtlich ist. Eine Möglichkeit, die Angst in den Griff zu bekommen, ist die Atmung: beim Sprechen ein- und ausatmen, sodass die Angst nicht so offensichtlich erscheint und sich der Herzschlag verlangsamt.

Mit Zuversicht gehen

Das Gehen ist Teil Ihrer Körpersprache; gehen Sie selbstbewusst, mit zurückgezogenen Schultern und gestrecktem Nacken. Gehen Sie mit den Füßen in Richtung des Gesprächspartners, nehmen Sie Augenkontakt auf, mit gelegentlichen Seitenblicken, bis Sie an der Stelle angekommen sind, an der der Gesprächspartner steht, und geben Sie ihm die Hand, bevor Sie sich selbstbewusst setzen.

Nicken Sie beim Zuhören

Lehnen Sie sich nicht zurück und schauen Sie zu, während Ihr Gesprächspartner spricht, sondern nicken Sie mit dem Kopf, wenn er/sie spricht, um Verständnis, Konzentration und Intelligenz zu zeigen. Sie können auch herzlich lächeln, wenn die Situation es erfordert. Beugen Sie sich schließlich vor. Sie können sich auch vorbeugen, um Ihre Sprache mit Ihrer Körpersprache abzustimmen.

Zeigen Sie Ihre Präsenz

Wenn Sie zu einem Vorstellungsgespräch gehen, ist die Kleidung wichtig. Das ist ziemlich offensichtlich, aber es versteht sich von selbst, dass Ihre Kleidung Ihre Persönlichkeit definiert. Wählen Sie etwas, das Sie mutig und selbstbewusst aussehen lässt. Sie muss bequem und für das Büro geeignet sein. Vermeiden Sie grelle Farben, da sie zu sehr ablenken, und tragen Sie auf keinen Fall Rot zu einem Vorstellungsgespräch.

Achten Sie auch darauf, dass Sie höflich zu Ihren Mitmenschen sind. Man weiß nie, wen man auf dem Parkplatz trifft, wer neben einem im Aufzug sitzt oder wer einen aus der Ferne beobachtet. Im Allgemeinen sollten Sie immer nett zu den Menschen sein; in diesem Fall kann es zu Ihren Gunsten sein. Bleiben Sie auch beim Warten an der Rezeption sitzen und warten Sie geduldig. Versuchen Sie, ruhig und gelassen zu sein. Vermeiden Sie Bewegungen, die darauf hindeuten, dass Sie nervös sind.

Wenn Sie an der Reihe sind, wird die Art und Weise, wie Sie den Raum betreten, den Gesprächspartnern zeigen, was in Ihnen steckt. Sie müssen selbstbewusst auf Ihren Gesprächspartner zugehen. Halten Sie Augenkontakt, ziehen Sie die Schultern zurück und strecken Sie den Nacken. Lächeln Sie und strecken Sie Ihre Hand zum Händedruck aus.

Denken Sie daran, dass Sie Ihre rechte Hand für den Händedruck benutzen werden, und tragen Sie Ihre Sachen besser mit der linken Hand. Auf diese Weise vermeiden Sie, dass Sie Zeit damit verschwenden, den Besitzer zu wechseln und Gegenstände fallen zu lassen. Bieten Sie Ihre Hand mit der Handfläche nach oben an, um dem Gesprächspartner Autorität zu verleihen. Schütteln Sie Ihre Hand fest und halten Sie sie in Maßen. Das heißt, nicht zu locker und nicht zu fest.

Körperhaltung

Die Körperhaltung ist wichtig. Aufrechtes Sitzen gilt als Zeichen von Engagement, Glaubwürdigkeit und Vertrauen. Eine gebückte Haltung ist das Gegenteil von Selbstvertrauen und sollte tunlichst vermieden werden.

Versuchen Sie, aufrecht zu sitzen und die Schultern zu strecken. Diese Haltung lässt Sie selbstbewusst und interessiert am Gespräch erscheinen und zeugt von Respekt gegenüber dem Unternehmensvertreter. Setzen Sie sich auf die Kante Ihres Stuhls und lehnen Sie sich ein wenig vor. Es zeigt, dass Sie aufmerksam, interessiert und eifrig sind. Vermeiden Sie es, sich dem Gesprächspartner zu nähern und in seinen persönlichen Raum einzudringen.

Denken Sie daran, Ihre Füße auf den Boden zu stellen. Dies wird Ihnen helfen, ein Gleichgewicht zu finden, kreativ zu sein und rationale Gedanken zu haben. Wenn nötig, können Sie die Beine um die Knöchel kreuzen, aber vermeiden Sie es, sie in den Knien zu kreuzen.

Arm-Gesten

Wenn Sie nicht sicher sind, was Sie mit Ihren Händen machen sollen, machen Sie Gesten. Es ist verständlich, dass Sie Ihre Hände in die Taschen stecken oder sie aus Angst verstecken wollen, aber tun Sie das nicht. Dies wird als mangelndes Vertrauen oder misstrauisches Verhalten interpretiert.

Setzen Sie Ihre Hände und Armbewegungen ein, um Ihre Aussagen zu unterstreichen und sich klar auszudrücken. Achten Sie darauf, dass Sie es mit den dramatischen Handgesten nicht übertreiben. Dramatisches Verhalten während eines Vorstellungsgesprächs lässt Sie weder kompetent noch engagiert erscheinen. Im Gegenteil: Die Gesprächspartner werden Sie nicht ernst nehmen. Wenn Sie nicht gerade an einem Schauspiel- oder Model-Casting teilnehmen, sollten Sie mit Ihren Gesten zurückhaltend sein.

Vermeiden Sie es, sich Ihr Gesicht oder Ihre Haare zu berühren, denn das lässt Sie unglaubwürdig, hinterlistig und unangenehm erscheinen. Manche Personalchefs sind vielleicht gemein und halten Sie für frustriert und kindisch. Das ist ein bisschen hart, aber stellen Sie sich vor, wie viele Menschen mit ihren unterschiedlichen Charakteren an Ihrer Stelle sitzen werden. Es liegt auf der Hand, dass sie nach den kleinsten Anhaltspunkten suchen werden, um Sie zu verwerfen.

Vermeiden Sie es schließlich, während des Gesprächs die Arme zu verschränken. Wenn Sie das tun, wirken Sie unnahbar, defensiv, unsicher und feindselig. Öffnen Sie Ihre Hände und legen Sie sie anmutig vor sich auf den Schoß, bereit, natürlich zu gestikulieren.

Kopfgesten

Egal wie nervös oder schüchtern Sie sind, versuchen Sie, Augenkontakt herzustellen. Es ist unhöflich und respektlos, mit jemandem zu sprechen und ihn nicht anzusehen. Vielleicht sind Sie versucht, sich umzuschauen oder Ihren Blick zu senken, aber tun Sie das nicht. Die Gesprächspartner werden Sie dafür hassen. Versuchen Sie, normalen Augenkontakt zu halten, aber starren Sie nicht. Dies zeigt, dass Sie sich engagieren und an dem Gespräch interessiert sind.

Nicken Sie beim Zuhören ein paar Mal, um zu zeigen, dass Sie aufmerksam sind. Vermeiden Sie es jedoch, dies zu oft zu tun. Auch wenn Sie den Personalverantwortlichen gefallen wollen, sollten Sie nicht den Eindruck erwecken, verzweifelt zu sein, denn das würde Ihre Glaubwürdigkeit beeinträchtigen. Machen Sie es so natürlich, als ob Sie das Gespräch verstehen und genießen.

Und in der Zwischenzeit: Lächeln Sie. Nein, lächeln Sie nicht verlegen und zeigen Sie nicht Ihre Zähne wie ein Narr. Denken Sie daran, dass Gesprächspartner auch nur Menschen sind: Niemand möchte mit einer düsteren Person zu tun haben. Ein Lächeln lässt Sie freundlich und lustig aussehen. Das bringt Ihnen Bonuspunkte und verschafft Ihnen einen guten Ruf.

Behalten Sie Ihren Tonfall unter Kontrolle. Seien Sie gut hörbar, sprechen Sie langsam und deutlich. Vermeiden Sie es, wie ein monotoner Rekorder zu klingen. Es ist gut, vor dem Gespräch zu proben, aber es sollte natürlich sein. Wenn Sie nervös sind, denken Sie daran zu atmen. Sie können einatmen, wenn Sie befragt werden, und ausatmen, wenn Sie antworten.

Wiederspiegeln Sie den Gesprächspartner

Wenn man sich unterhält, synchronisieren sich natürlich die Körperbewegungen. Wenn Sie die Körpersprache des Gesprächspartners widerspiegeln, zeigen Sie, dass Sie ihm zustimmen und ihn bewundern, und der Gesprächspartner wird Ihnen vertrauen. Seien Sie jedoch diskret. Versuchen Sie nicht, wie ein Hochstapler zu wirken oder den Gesprächspartner zu manipulieren, da er sonst sein Interesse an Ihnen verliert. Lass es natürlich sein, auch wenn Sie es absichtlich tun.

Die Kunst des Weggehens

Wenn es Zeit ist zu gehen, packen Sie höflich Ihre Sachen zusammen, stehen Sie ruhig auf und bedanken Sie sich mit einem Lächeln und einem Nicken bei den Gesprächspartnern für ihre Zeit. Wenn es angebracht ist, können Sie ihm die Hand schütteln und sich entschuldigen. Verlassen Sie das Gespräch auf dieselbe Weise und hoffen Sie auf das Beste. Wenn Sie versucht sind, Zeit zu verschwenden und die Körpersignale des Einstellungsteams zu lesen, lassen Sie es bleiben. Die meisten von ihnen sind geschult und geben selten hilfreiche Tipps. Sie wollen nicht mit dem Gefühl der Niederlage gehen.

Nonverbale Kommunikation im Geschäftsleben und bei der Arbeit nutzen

Bei geschäftlichen Kontakten ist es für einen Geschäftsmann wichtig, einen guten ersten Eindruck zu hinterlassen. Wenn andere diese Person als ineffektiv, mächtig, nicht vertrauenswürdig oder sympathisch wahrnehmen, werden sie alles andere auf diesem ersten Eindruck aufbauen. Wenn jemandem dieser Unternehmer gefällt, wird er mehr über ihn wissen wollen und möglicherweise ein Geschäft abschließen. Falls sie dieser Person misstrauen, werden sie vermuten, dass alles, was sie tun, fragwürdig ist.

Nach Angaben des *Centre for Cognitive Neuroimaging* an der Universität Glasgow benötigt das Gehirn etwa 200 Millisekunden, um Informationen aus dem Gesichtsausdruck einer Person zu gewinnen und ihren emotionalen Zustand zu beurteilen. Deshalb sind die Menschen begierig darauf, einen Raum zu betreten, um die Emotionen auszudrücken, die sie zeigen wollen.

Es ist auch wichtig, Blickkontakt herzustellen, um die professionelle Wirkung zu erhöhen. Ist dies jedoch übertrieben, wird der Geschäftsmann von anderen als herablassend, feindselig, unhöflich, einschüchternd und herrschsüchtig angesehen. Manche Menschen fühlen sich in der Gesellschaft dieses Geschäftsmannes benachteiligt.

Ist der Augenkontakt hingegen zu gering, wird er als desinteressiert, unangenehm oder unaufrichtig empfunden. Das richtige Maß an Blickkontakt variiert je nach Kultur, Persönlichkeitstyp, Situation, Geschlecht und Kontext. Es entsteht ein Gefühl des Vertrauens und der gegenseitigen Sympathie. Im Allgemeinen kann ein direkter und häufiger Blickkontakt eine Person informierter, interessierter und aufmerksamer machen.

Um das Selbstvertrauen zu stärken, ist es am besten, auf das Mobiltelefon zu verzichten. Das ständige Vorschieben des Kinns, die physische Kontraktion des Körpers und das Abrunden der Schultern können das Gefühl der Macht zunichtemachen. Statt sich über das Handy zu beugen, sollte ein Geschäftsmann es in seiner Aktentasche oder Tasche lassen, während er auf eine Besprechung wartet. Er kann eine Zeitung lesen und aufrecht sitzen, mit den Füßen fest auf dem Boden stehend. Er kann seine Arme weit ausbreiten, während er die Zeitung hält. Auf diese Weise nimmt sein Körper eine expansive Haltung ein. Er wird sich selbstbewusster fühlen, und andere werden das auch spüren.

Wer eine dauerhafte Beziehung aufbauen will, muss die Kraft der Berührung auf andere anwenden, denn sie ist die stärkste und primitivste Körpersprache. Bei der Arbeit können die Wärme und der körperliche Kontakt, die durch das Händeschütteln entstehen, einen positiven und bleibenden Eindruck hinterlassen. Nach Angaben des *Income Center for Trade Shows* erinnern sich die Menschen oft daran, dass man ihnen die Hand geschüttelt hat. Außerdem hinterlassen diese Menschen den Eindruck, freundlicher und offener zu sein.

Über der Brust gekreuzte Arme zeigen an, dass die Person widerstandsfähig, zurückhaltend oder defensiv ist. Wenn diese Handlung von gekreuzten Beinen begleitet wird, hinterlässt der Geschäftsmann den Eindruck, eine negative Person zu sein. Andere werden ihm wegen dieses nonverbalen Hinweises nicht zuhören. Bei einem persönlichen Treffen muss ein Geschäftsmann anderen Menschen die Hand geben. Er kann ein Muster seines Produkts, eine Broschüre oder eine Visitenkarte anbieten. Wenn er möchte, dass andere positiv auf ihn reagieren, sollte er seine Arme und Beine nicht verschränken.

Einige Gesten haben einen direkten Bezug zur Sprache. Ein Geschäftsmann kann beim Sprechen seine Hände benutzen, um seine Denkweise zu unterstreichen. Die Gesten müssen jedoch entspannt sein. Bei Gesten mit offenen Armen sollten die Handflächen gezeigt werden, da diese Bewegungen Offenheit und Glaubwürdigkeit signalisieren. Wenn er außerdem seine Arme zwischen Schultern und Taille hält, wird er von anderen als glaubwürdige und selbstbewusste Person wahrgenommen.

Gesten wie das Reiben der Stirn, das Verdrehen der Hände, das Massieren der Schläfen, das Spielen mit Schmuck, das Berühren der Lippen und das Wirbeln der Haare können auf Inkompetenz oder Unsicherheit hindeuten. Pausen bei Präsentationen sind ein wirksames Mittel der Kommunikation. Das Publikum wird die Person als selbstbewusst und ruhig wahrnehmen, wenn sie eine Pause macht.

Wer eine Gehaltserhöhung will, muss seine Stimme senken. Die Menschen verlassen sich auf die Qualität der Stimme, um die Absichten der anderen Person zu verstehen. Eine Person mit einer hohen Stimme wird als nervös, weniger kraftvoll und weniger emphatisch wahrgenommen. Wenn er autoritär sein will, muss er seine Meinung sagen, indem er mit leiser Stimme beginnt, den Tonfall im Laufe des Satzes anhebt und ihn mit dem ursprünglichen tiefen Tonfall beendet. Die Vielfalt der Intonation macht den Geschäftsmann weniger roboterhaft und überzeugender für seine Zuhörer.

Die Körpersprache eines Lügners

Fast alle Menschen sind in der Lage, regelmäßig in irgendeiner Form zu täuschen oder zu lügen. Erst in jüngster Zeit wird dieses Thema stärker erforscht, insbesondere im Hinblick auf die Häufigkeit des Lügens.

Obwohl das Lügen ein weit verbreitetes Element der menschlichen Natur ist, sind viele Menschen nicht in der Lage zu erkennen, ob jemand lügt. Außerdem glauben viele Menschen, dass sie gut erkennen können, ob jemand ein Lügner ist, aber in Wirklichkeit sind sie es nicht. Ein Teil dieses Irrglaubens ist darauf zurückzuführen, dass es alte Theorien gibt, an die die Menschen immer noch glauben, wie zum Beispiel:

Lügner winden sich und zappeln.

Lügner nehmen keinen Augenkontakt auf.

Lügner verlagern oft ihren Blick, wenn sie lügen.

Diese Aussagen sind nicht unbedingt zutreffend. Ja, es gibt Unterschiede im Verhalten von Wahrheitssagern und Lügnern, aber es kann eine Herausforderung sein, die Unterschiede zu messen und zu unterscheiden. Die zeitgenössische Forschung stellt einige Theorien auf, wie man eine Person erkennt, die lügt. Auf der Grundlage dieser Forschung gibt es mehrere Indikatoren, die helfen können. Aber wie auch immer, der beste Weg, um zu erkennen, dass jemand lügt, ist, seinen „Instinkt" zu vertrauen. Er ist ein wirksames Instrument in diesem Prozess.

Um einen Lügner zu erkennen, konzentriert man sich in der Regel auf die Botschaft, die die Körpersprache vermittelt, oder auf die kleinen Verhaltensweisen und körperlichen Anzeichen, die eine Täuschung verraten. Zu den häufigsten Ideen gehören Augenverschiebung, ständiges Zappeln und mangelnder Augenkontakt. Sie galten als unfehlbare Indikatoren dafür, dass die kommunizierende Person lügt.

Ja, körpersprachliche Signale können auf eine Täuschung hinweisen; einige Untersuchungen zeigen, dass viele der am meisten erwarteten Ausdrücke nicht unbedingt mit einer Lüge zu tun haben. Der Psychologe Howard Ehrlichman, ein Forscher, der sich seit den 1970er Jahren mit Augenbewegungen beschäftigt, hat herausgefunden, dass Augenbewegungen überhaupt nicht auf Lügen hinweisen. Ehrlichman stellt nämlich die Hypothese auf, dass die Augenbewegungen zeigen, dass eine Person intensiv nachdenkt oder, genauer gesagt, dass sie ihr Langzeitgedächtnis anzapft.

Weitere Untersuchungen zeigen, dass zwar einzelne Verhaltensweisen und Signale auf Täuschung und Lügen hindeuten können, dass aber einige der Verhaltensweisen, die gemeinhin mit Täuschung in Verbindung gebracht werden, wie z. B. schnelle Augenbewegungen, tatsächlich zu den schlechtesten Hinweisen gehören. Auch wenn die Körpersprache eine unschätzbare Methode zur Aufdeckung von Lügen sein kann, kommt es darauf an, zu erkennen, welche Signale wertvoll sind und welche man ignorieren sollte.

Die Strafverfolgung hat sehr davon profitiert, dass Psychologen gezeigt haben, wie Körpersprache und Täuschung den Beamten helfen können, Lügen und die Wahrheit zu erkennen. UCLA-Forscher untersuchten das Thema *Körpersprache und Täuschung*, um bessere Schulungen und Empfehlungen für Polizeibeamte zu entwickeln. Für die Erarbeitung dieser Empfehlungen waren mehr als 60 Studien über Täuschung erforderlich. Das *American Journal of Forensic Psychiatry* veröffentlichte die endgültigen Ergebnisse dieser Studien.

Warnflagge, die darauf hinweisen, dass jemand lügen könnte:

Einige der neuen „Warnflaggen", die nach Ansicht der Forscher die Unzuverlässigkeit von Menschen aufdecken könnten, sind:

- Nur wenige Details bekannt geben oder vage bleiben.
- Bevor die Person antwortet, wiederholt sie die Frage.
- Die Antworten auf die Sätze sind keine vollständigen Sätze, sondern eher Fragmente.

Wenn die Geschichte, die sie erzählen, infrage gestellt wird, können sie den Zuhörern bestimmte Details nicht mitteilen.

Eine weitere Körpersprache, auf die Sie achten sollten, wenn Sie glauben, dass Sie jemand anlügt:

- Starre Körpersprache, die gezwungen oder unnatürlich wirkt.
- Zunehmende Berührung der Hände mit dem Gesicht. Dieses Phänomen hängt insbesondere mit dem Bedecken des Mundes und dem Reiben der Nase zusammen.
- Hoher Stress entzieht den Händen, Armen, Füßen und Beinen Blut und lässt sie weißer erscheinen. Wenn eine Person im Liegen geistig gestresst ist, leidet ihr Körper unter diesem Stress, sodass Hände und Füße viel blasser erscheinen.
- Aufgeweitete oder erweiterte Nasenlöcher.
- Klang und tiefe Atmung. Dies ist besonders hilfreich, wenn Sie die andere Person und ihre normalen Atemgewohnheiten oder -geräusche gut kennen.
- Schmale und dünne Lippen.
- Die Ellbogen kommen näher an die Hüften und die Schultern heben sich in Richtung der Ohren. Auf diese Weise wird der Körper kleiner und weniger geräumig.
- Die Augenbrauen „stricken" zusammen, der Abstand zwischen ihnen wird schmaler und dichter.
- Die Augen schließen sich oder schielen, und es kann schwieriger werden, den Blickkontakt aufrechtzuerhalten.

Es kommt zu einem Anstieg der Herzfrequenz. In den meisten Fällen ist es nicht so offensichtlich, aber in manchen Situationen kann es hilfreich sein.

Die Hände „verbergen" etwas, d. h. die Handflächen zeigen zum Boden oder sind geschlossen. Dies ist eine unbewusste Art und Weise, etwas zu verbergen, während offene, nach oben gerichtete Handflächen bedeuten, dass nichts versteckt wird.

Übung

Wenn Sie Unternehmer sind, bewerten Sie die Menschen, die Sie bisher im Leben Ihres Unternehmens getroffen haben. Wie vielen dieser Menschen haben Sie schon die Hand gegeben? Und was noch wichtiger ist: Wie viel Druck üben Sie beim Händeschütteln aus? Wie viel Druck üben diese Menschen auch aus? Ein fester Händedruck signalisiert Zuversicht, Glaubwürdigkeit und Vertrauen. Dies gilt insbesondere für den ersten Eindruck, da der Händedruck nur einmal pro Treffen stattfinden kann. Wenn Sie das nächste Mal einem potenziellen Geschäftspartner die Hand geben, prüfen Sie, wie fest Ihr und sein Händedruck ist. Achten Sie darauf, dass Sie nicht zu kräftig schütteln, da Sie Ihr Gesprächspartner damit wahrscheinlich beleidigen und ihm den Eindruck vermitteln, dass Sie ungehobelt oder unprofessionell sind.

Kapitel 6.
Anziehungssignale: der Schlüssel zur Anziehungskraft und Manipulation Ihres Gesprächspartners

Sie sollten wissen, dass Taten mehr sagen als Worte, daher ist es wichtig, sich der Wirkung der Körpersprache bewusst zu sein. Durch den Einsatz nonverbaler Kommunikation können Sie die Art und Weise beeinflussen, wie andere denken, wahrnehmen und handeln. Dies ist ein leistungsfähiges Konzept, das Sie beherrschen können. Ein guter Umgang mit der Körpersprache bedeutet nicht nur, dass man sie effektiv einsetzt, sondern auch, dass man sich der Signale bewusst ist, die von anderen verwendet werden. Wenn Sie in der Lage sind, diese Fähigkeit zu nutzen, werden Ihre positiven Manipulationsbemühungen fast immer erfolgreich sein.

Aufrichtig lächeln

Ein Lächeln kann die Stimmung in einem Gespräch verändern. Im Gespräch kann ein einfaches Lächeln den Unterschied ausmachen, ob der Gesprächspartner Sie für vertrauenswürdig hält oder nicht. Das Gute an einem Lächeln als soziales Signal ist, dass es viele verschiedene Dinge anzeigt. Es kann bedeuten, dass Sie zustimmen oder dass Sie verstehen, was die andere Person sagt. Ohne etwas zu sagen, können Sie jemanden beruhigen. Es ist ein hervorragendes Mittel, um akzeptierend und einladend zu wirken. Dies ist ein Weg, den Geist einer Person zu kontrollieren, indem man diesen Punkt der Akzeptanz erreicht. Denken Sie bei allen Manipulationsmethoden, die Sie ausprobieren werden, an Folgendes:

Wenn eine Person versucht, Sie zu belustigen, können Sie ihr durch ein Lächeln zeigen, dass Sie sie amüsant finden. Dies stärkt das Selbstvertrauen und ist besonders nützlich, wenn Sie versuchen, jemanden kennenzulernen. Diese Geste zeigt, dass Sie freundlich und zuvorkommend sind. Schenken Sie anderen immer ein echtes Lächeln, denn manche Menschen sind gut darin, ein falsches zu erkennen. Wenn Sie lächeln, müssen Sie es auch so meinen. Jede falsche Handlung wird nur Zweifel an Ihren Absichten wecken, wenn die andere Person davon erfährt. Außerdem werden Sie sich besser fühlen, wenn Sie wissen, dass Sie selbst sein können.

Genauso wie ein Lächeln ein Gespräch verbessern kann, kann man auch darauf achten, wie oft die andere Person lächelt. Die nonverbale Kommunikation ist wichtig, weil sie Dinge sagt, die Worte manchmal nicht sagen können. Sie werden genau wissen, wie Sie mit Ihrer positiven Manipulation vorgehen müssen, wenn Sie wissen, wo Sie bei einer anderen Person stehen. Das Lesen der Körpersprache lässt keinen Raum für Vermutungen; es kann schwierig sein, wenn man die Leerstellen ausfüllen muss, um zu verstehen, wie sich eine Person fühlt.

Die Arbeit an Ihrem Lächeln ist wichtig, wenn Sie charismatisch wirken wollen. Mit dieser Art von Charisma werden Sie großartig in positiver Manipulation. In Verbindung mit der Fähigkeit, in anderen Menschen zu lesen, erhalten Sie so ein umfassendes Gefühl für Stimmungen und Gefühle. Normalerweise fällt es den Menschen schwer, ein Lächeln zu verbergen, sodass es oft ein guter Indikator dafür ist, was in ihrem Kopf vor sich geht. Es ist nicht nur ein großartiges soziales Instrument, sondern gibt Ihnen auch ein gutes Gefühl. Je mehr Sie lächeln, desto glücklicher fühlen Sie sich.

Lässiger Berührung

Berührungen können zu einem wichtigen Teil der sozialen Interaktion werden, wenn man sich damit wohlfühlt. Es gibt klare Grenzen zwischen angenehmen, zwanglosen Berührungen und solchen, die nur im Rahmen einer intimen Beziehung stattfinden. Im Allgemeinen werden schnelle Berührungen der Arme und Schultern als angemessen erachtet, wenn man jemanden positiv manipulieren will. Dies verleiht dem Gespräch ein Gefühl der Nähe, auch wenn man die Person noch nicht besonders gut kennt. Der Gebrauch von beiläufigen Berührungen zeigt, dass Sie verstehen oder eine Beziehung herstellen können. Es lässt Sie sympathisch erscheinen, so wie es ein Lächeln sein kann.

Es gibt einfache Möglichkeiten, Ihre Konversationsfähigkeiten mit einem lockeren Touch zu versehen. Eine der einfachsten ist es, den Arm des Gesprächspartners zu berühren, wenn man Worte der Betonung ausdrücken will. Dadurch wird der Gesprächspartner in das, was Sie sagen, hineingezogen. Man kann sie auch berühren, wenn es um ein tiefgründiges Thema geht. Wenn Ihre Freundin Ihnen zum Beispiel erzählt, dass sie gerade ihren Job verloren hat, wäre eine beiläufige Berührung angemessen, während Sie Ihren Unmut zum Ausdruck bringen. Mit dieser Methode haben Sie die Kontrolle über das Gespräch. Wenn Sie jemanden berühren, lenken Sie die Energie.

Der Kontakt muss absolut zwanglos sein. Eine der schlimmsten Arten, das Vertrauen einer Person zu missbrauchen, ist es, diese einfache Grenze zu überschreiten. Denken Sie daran, dass Sie Respekt zeigen und gleichzeitig ansprechbar bleiben wollen. Ein Fehler, der häufig gemacht wird, ist der übermäßige Gebrauch von beiläufigen Kontakten. Selbst wenn Sie die Grenzen nicht überschreiten, kann es unangenehm werden, wenn es zu viel wird. Versuchen Sie zunächst, nur bestimmte Dinge zu betonen. Es ist nicht notwendig, es zu übertreiben.

Bei jeder Form der nonverbalen Kommunikation kann man den Grad des Wohlbefindens einer Person auch daran erkennen, wie viel zwanglosen Kontakt sie pflegt. Verschränkte Arme und Distanz zeigen an, dass noch einiges zu tun ist, bevor man versucht, die Person zu kontrollieren. Diese verschlossene Körpersprache bedeutet wahrscheinlich, dass man Ihnen nicht trauen kann. Eine offene Körperhaltung mit einigen beiläufigen Berührungen ist ein sehr gutes Signal; es bedeutet, dass die andere Person sich bei Ihnen wohlfühlt. Wenn Sie diese Signale empfangen, sind Sie wahrscheinlich bereit, eine Situation mit dieser Person positiv zu beeinflussen. Manchmal nehmen Menschen beiläufig Kontakt auf, wenn sie nervös sind. Wenn ihr Blick unbeständig ist, der Kontakt aber weitergeht, müssen Sie vielleicht auf ein deutlicheres Signal warten, dass die Person sich bei Ihnen wirklich wohlfühlt.

Fester und sanfter Händedruck

Der Händedruck sagt viel über Ihren Persönlichkeitstyp aus. Ob in einem beruflichen Umfeld oder bei einem ersten Treffen mit einem gemeinsamen Freund – der Händedruck ist der erste Eindruck. Wenn Sie sich in dieser Position befinden, müssen Sie den Eindruck erwecken, freundlich und gleichzeitig respektvoll zu sein. Dieses Gleichgewicht kann schwer zu erreichen sein, wenn Sie keinen präzisen Händedruck haben. Denken Sie darüber nach, welche Art von Botschaft Sie anderen senden, wenn Sie sie zum ersten Mal treffen. Haben Sie einen festen Griff? Halten Sie Augenkontakt? Haben Sie ein Lächeln im Gesicht? All diese Aspekte sind besonders wichtig.

Der Schlüssel zu einem guten Händedruck ist es, mehrere verschiedene für verschiedene Gelegenheiten zu haben. Wenn Sie sich in einem professionellen Umfeld befinden, wird der Händedruck natürlich fester sein als der, den Sie einem Freund in einer Bar geben würden. Die Festigkeit des Händedrucks zeigt den Grad der Dominanz an, den Sie während der Interaktion zum Ausdruck bringen wollen. Ein positiver Händedruck erfordert natürlich eine dominante Energie. Sie müssen derjenige sein, der die Dinge mit einfachen Vorschlägen verändert. Wenn Sie diese Rolle nicht sofort beibehalten, haben Sie viel mehr zu tun.

Festigkeit bedeutet nicht unbedingt rau. Sie wollen Ihren Gesprächspartner nicht durch Ihren Händedruck verletzen. Halten Sie den Druck auf einem angemessenen Niveau. Überlegen Sie, wie Sie möchten, dass Ihr Gesprächspartner Ihnen die Hand gibt. Es gibt keinen Grund, das Schütteln zu übertreiben, wenn Sie auch andere körpersprachliche Signale verwenden können. Der Händedruck soll nur einen soliden Ausgangspunkt bilden, der Rest kann dann folgen. Machen Sie es sich zur Gewohnheit, anderen die Hand zu geben, wenn Sie können. Es mag auf den ersten Blick formal erscheinen, aber es ist wichtig, dass Sie wissen, wie Sie Ihre Energie kanalisieren können, um das zu bekommen, was Sie wollen.

Auch der Augenkontakt spielt beim Händeschütteln eine wichtige Rolle. Wie viel Augenkontakt Sie halten, kann Ihrem Gesprächspartner mehrere Botschaften vermitteln. Ein unzureichender Betrag deutet darauf hin, dass Sie bluffen oder schwach sind. Eine Person könnte Ihre Motive infrage stellen, wenn Sie auf diese Weise abgelenkt erscheinen. Ein Übermaß kann als Herausforderung verstanden werden, was Sie nicht wollen.

Einen Konflikt anzufangen, ist nicht der beste Weg, um positive Manipulationen durchzuführen. Sie müssen genug Augenkontakt halten, um selbstbewusst zu bleiben, aber nicht so viel, dass sich andere unwohl fühlen.

Die Kraft der richtigen Körperhaltung: Ihre Körperhaltung widerspiegeln

Sie sind wahrscheinlich mit dem Gedanken vertraut, dass Sie die Energie, die Sie geben, auch erhalten. Darauf sollte man achten, wenn man mit Menschen spricht. Ihre Körperhaltung ist die Art und Weise, wie Sie sich der Welt präsentieren. Hängende Schultern können Enttäuschung, Traurigkeit oder sogar Apathie bedeuten. Wenn Sie sie zurückhalten und das Kinn hochhalten, können Sie dagegen Selbstvertrauen und Stolz vermitteln. Wie Sie stehen, ist wesentlich für jede einzelne soziale Interaktion, die Sie haben. Es gibt keine Möglichkeit, jemanden für sich zu gewinnen, indem man verschlossen oder unnahbar wirkt. Manche Menschen befolgen alle korrekten Schritte der positiven Manipulation, vergessen aber, ihre Haltung zu korrigieren. Das kann den Unterschied ausmachen.

Wenn Sie sich nicht sicher sind, wie Sie sich jemandem gegenüber verhalten sollen, spiegeln Sie einfach dessen Körperhaltung. Dies ist in der Regel der beste Weg, um Ihre Rolle in einer bestimmten Situation zu beurteilen. Wenn jemand offen mit Ihnen spricht, seine Haltung nach vorne gerichtet ist und er seine Hände benutzt, um Dinge zu erklären, versuchen Sie, das Gleiche zu tun. Wenn jemand das Gefühl hat, dass man auf der gleichen Wellenlänge ist wie er, wird es viel einfacher, sich zu unterhalten. Diejenigen, die anfangs etwas kühler sind, sollten versuchen, ihren Enthusiasmus zu zügeln. Es kann überwältigend sein, wenn eine Person deutlich macht, dass es eine Weile dauern wird, bis sie sich wohlfühlt, während die andere die Grenzen immer weiter hinausschiebt. Am besten ist es, so neutral wie möglich zu bleiben, bis die andere Person etwas anderes tut.

Wenn Sie die Körperhaltung einer Person widerspiegeln, sollten Sie dies nicht offensichtlich machen. Natürlich sollten Sie sein Verhalten nicht genau kopieren. Beleidigend oder komisch wird es, wenn Sie bei der Nachahmung erwischt werden. Man kann immer noch im Einklang sein, ohne genau das Gleiche zu tun. Wenn Ihr Chef wütend ist, werden Ihre endlosen Witze und zufälligen Streicheleinheiten keinen guten Eindruck hinterlassen. Jede Situation ist anders, daher sollten Sie Ihren gesunden Menschenverstand walten lassen. Es ist am besten, Ärger und Enttäuschung genauso anzunehmen, wie sie sich Ihnen präsentieren. Behalten Sie eine starke Körperhaltung bei, aber bleiben Sie der Person zugewandt. Wenn Sie sich abwenden, bedeutet das, dass Sie verschlossen sind oder sich nicht für das interessieren, was Ihnen erklärt wird.

Wenn jemand bereit ist, sein Glück auszudrücken, wird er Ihnen viel näher kommen. Vielleicht lächeln sie sogar viel und berühren sich beiläufig. Wenn Sie diese Erfahrung machen, wissen Sie, dass Sie sich während der Interaktion ein wenig mehr entspannen können. Wenn sich das Verhalten anpasst, wird auch das Auftreten synchronisiert. Es ist unmöglich, dies mit jemandem zu tun, der sich nicht einfühlen kann. Nur ein wirklich einfühlsamer Mensch ist in der Lage, jede Art von Haltung, ob gut oder schlecht, zu spiegeln.

Übung

Wenn Sie Angestellter sind, beobachten Sie Ihre Vorgesetzten oder Älteren. Was unterscheidet sie von den Nachwuchskräften in Bezug auf ihre Körperhaltung? Sind sie selbstbewusst und dominant? Führen sie Power-Posen aus? Diese Übung zeigt Ihnen, wie Sie Menschen beobachten können, die erfolgreicher sind als Sie. Manchmal haben wir nicht alle Antworten der Welt. Der beste Weg, in unserem Leben voranzukommen, besteht darin, das nachzuahmen, was erfolgreiche Menschen in ihrem Leben getan haben. Beurteilen Sie die positive Körpersprache dieser Menschen und versuchen Sie, sie auf Ihr eigenes Leben zu übertragen. Ähnlich dem Konzept des Power-Posing ist dies ein weiterer Fall von „Tu so, dann wirst du so“. Dies kann Ihr Unterbewusstsein stark beeinflussen und Ihnen die Bereiche in Ihrem persönlichen Leben aufzeigen, die Sie verbessern müssen. Vergessen Sie jedoch nicht, sich selbst treu zu bleiben. Bei der Nachahmung anderer Menschen gibt es Grenzen zu beachten.

Kapitel 7.
Die verborgenen Teile des Körpers und ihre Bedeutung

Das Gehirn und das Auge

Die Netzhaut ist der Wächter des Auges. Alles, was wir sehen, durchläuft sie und wird dann an zwei verschiedene Teile des Auges weitergeleitet: die Stäbchen, die für das Nachtsehen zuständig sind, und die Zapfen, die alltägliche visuelle Aktivitäten wie Farbübersetzung, Lesen, Schreiben und Scannen steuern. Mehrere Neuronen wandern um das Auge herum und interagieren mit verschiedenen Funktionen, um unterschiedliche Signale zu geben. Diese Signale werden dann über den Sehnerv an die Großhirnrinde weitergeleitet. Die Großhirnrinde funktioniert wie ein Kino im Gehirn. Es steuert unsere visuellen Rezeptoren, die am Sehen, Gedächtnis und Denken beteiligt sind. Forscher haben herausgefunden, dass sich die Pupille erweitert, wenn unser Auge etwas Angenehmes sieht. Dieses Phänomen zeigt, dass wir denken, was wir sehen. Mit dieser Methode können wir Meinungen bilden, Schlussfolgerungen ziehen und sogar Körperbewegungen analysieren.

Um die Körpersprache zu verstehen, muss man wissen, wie die Augen mit dem Gehirn und der Wahrnehmung interagieren. Da wir mit jedem Teil unseres Körpers interagieren, ist es normal, dass die Augen bei dieser Art der Kommunikation eine wichtige Rolle spielen. Für das ungeübte Auge können die Augen eindimensional erscheinen. Ihre subtilen Gesten können jedoch alles über einen Menschen verraten, was es zu wissen gibt.

Augenkontakt

Direkter Augenkontakt kann einen Stimmungswandel anzeigen. Selbstvertrauen ist sicherlich einer der wichtigsten Indikatoren für Augenkontakt. Personalverantwortliche raten ihren Gesprächspartnern oft, dem Gesprächspartner in die Augen zu schauen, um zu zeigen, dass sie bei der Auswahl einer Stelle aufmerksam sind. Tiere nutzen den Augenkontakt, um ihre Überlegenheit einzuschätzen, genau wie Menschen. Ein Trainer zum Beispiel sieht dem Hund, den er trainiert, oft in die Augen, um seine Dominanz zu demonstrieren. Der Hund kann lernen, den Anweisungen des Trainers zu gehorchen, wenn er seine Augen verschließt und sich nicht bewegt. Auch der Mensch kommuniziert mit Dominanz-Zeichen: Angst wird durch direkten Augenkontakt besiegt. Es zeigt, dass man sich in der Diskussion wohlfühlt und sogar Interesse zeigt.

Außerdem dreht sich alles um die Idee des Gleichgewichts. Zu viel direkter Blickkontakt kann auf den Empfänger entmutigend wirken. Andere fühlen sich durch Ihr intensives Starren vielleicht unwohl und zweifeln sogar an Ihrem Verstand. Stellen Sie sich vor, Sie führen ein Gespräch mit jemandem, der Ihnen ständig in die Augen sticht. Und wenn Sie wegschauen, bleibt sein Blick auf Sie gerichtet. Sie würden es sicherlich als unglaublich seltsam einstufen. Es ist immer wichtig, darauf zu achten, was die Augen machen, denn in manchen Kulturen kann das Starren als respektlos angesehen werden.

Geweitete Pupillen

Die Pupillen senden komplexe Signale aus, die selbst kleinste Veränderungen im Körper erkennen. Studien zufolge vergrößern sich die Pupillen der Menschen, wenn ihnen eine schwierige Frage gestellt wird. Einem Bericht von 1973 zufolge schrumpfen die Pupillen, wenn das Gehirn gezwungen wird, über seine Kapazität hinaus zu denken. Sie sind auch wichtige Indikatoren für die Anspannung des Gehirns. Das Gesundheitspersonal beleuchtet die Augen der Patienten mit Licht, um zu prüfen, ob die Pupillen natürlich sind. Das Gehirn wird nicht beeinträchtigt, wenn die Pupillen die gleiche Größe haben und auf Licht reagieren. Ein Ungleichgewicht kann jedoch auf eine schwere Hirnverletzung hindeuten.

Geweitete Pupillen zeigen intensives Interesse oder sogar Zustimmung. Die Augen weiten sich fast augenblicklich, wenn man etwas sieht oder hört, das Aufmerksamkeit erregt. Das Gleiche geschieht, wenn einer Person eine Darstellung von etwas gezeigt wird, dem sie zustimmt. Im Jahr 1969 versuchte ein bekannter Forscher nachzuweisen, dass die Pupillenerweiterung Aufschluss über die politische Zugehörigkeit geben kann. Die Augen der Teilnehmer weiteten sich, als sie Bilder von politischen Persönlichkeiten sahen, die sie bewunderten. Bei einem gegenteiligen Bild hingegen verengten sich die Pupillen und wurden schlangenförmig.

Wegschauen

Wenn jemand den Blickkontakt vermeidet, ist das in der Regel ein Zeichen für ein geringes Selbstwertgefühl. Die Person fühlt sich vielleicht unwohl mit dem Gespräch, der Person oder der Atmosphäre, in der sie sich befindet. Außerdem kann die Angst in sozialen Situationen dazu führen, dass eine Person Angst davor hat, mit jemandem, den sie nicht kennt, Blickkontakt aufzunehmen. Auch das Vermeiden von Blickkontakt kann ein Zeichen für innere Unruhe sein. Vielleicht kämpft man gegen latente Anziehungsimpulse an, oder man verdrängt etwas, das einen nervös macht. Das bedeutet nicht, dass die Person unehrlich oder unzuverlässig ist. Sie können von einem lähmenden Selbstbewusstsein geplagt sein, das ihre Stimmung beeinträchtigt.

Visuelle Hinweise

Während eines Gesprächs kann die Art und Weise, wie wir unsere Augen positionieren und worauf wir uns konzentrieren wollen, eine Menge aussagen. Der Blick nach unten kann zum Beispiel Verlegenheit oder sogar Unterwerfung bedeuten. Wenn Kinder gescholten werden, schauen sie oft nach unten, um ihre Verachtung für ihr Verhalten zu zeigen.

Inneres Unbehagen äußert sich auch in Blicken von der Seite. Wenn zum Beispiel ein Kollege, den Sie hassen, den Raum betritt, sehen Sie ihn instinktiv zur Seite, weil Sie ihn nicht ausstehen können. Dies kann auch bei der Kommunikation mit Menschen geschehen, die uns irritieren. Seitenblicke deuten auf Enttäuschung hin. Sie können jemanden von der Seite ansehen, wenn Sie etwas sehen, das nicht in Ordnung ist, oder wenn er schlau ist. Dies spiegelt eine totale Abneigung gegen ihr Verhalten, ihr Ansehen und sogar ihre Mimik wider.

Viele Menschen assoziieren das Schielen mit einem Verlust der Sehkraft. Das stimmt zwar, aber das Blinzeln kann auch dazu dienen, Ungläubigkeit oder Unsicherheit zu vermitteln. Es kann vorkommen, dass jemand etwas hört und mehr wissen möchte.

Deshalb blinzelt er beim Zuhören, als wolle er sagen: „Ich glaube dir nicht... Ich brauche mehr Informationen!".

Stress kann zu schnellem Blinzeln führen, das einen Menschen ins Trudeln bringen kann. Man sieht eine Person schnell blinzeln, wenn sie sich beeilt, eine Aufgabe zu erledigen. Dieses Phänomen kann von Schweißausbrüchen oder Zittern begleitet sein. Übermäßiges Blinzeln hingegen kann ein subtiler Hinweis auf Arroganz sein. Wenn ein Vorgesetzter beispielsweise mit einem Mitarbeiter spricht, blinzelt er oder sie vielleicht schnell, um das Gespräch abzubrechen. Der Vorgesetzte wird durch dieses kurze Blinzeln tatsächlich für weniger als eine Sekunde vom Mitarbeiter überschattet, was darauf hindeutet, dass er oder sie lieber etwas anderes tun würde.

Extreme Anziehungskraft zeigt sich durch einen direkten Blick in Kombination mit einem Herabhängen der Augenlider und des Kopfes. Es ist fast wie eine Einladung zu einem „Besuch" unter Freunden. Sexuelles Verlangen verstärkt diesen Blick, der auch eine Erweiterung der Pupillen verursachen kann.

Sitzende Positionen

Viele Menschen – vielleicht sogar Sie – sind sich dessen nicht bewusst, aber die Art und Weise, wie wir sitzen, kann anderen viel über unsere momentanen Gefühle oder sogar über unseren aktuellen Gemütszustand und unsere Persönlichkeit verraten. Sie kann in der Tat schüchtern oder unsicher, selbstbewusst oder aggressiv wirken. Werfen wir einen Blick auf diese Sitzpositionen.

Gekreuzte Beine

In den meisten Fällen vermittelt das Sitzen mit gekreuzten Beinen ein Gefühl der Unbeschwertheit und Offenheit. Das Überkreuzen der Beine mit seitlich geöffneten Knien kann nämlich unbewusst den Eindruck erwecken, dass Sie körperlich bereit sind, neue Ideen aufzunehmen, was unbewusst auch als emotionale Offenheit wahrgenommen werden kann. Offen zu sein bedeutet, dass Sie eine unterhaltsame und interessante Person sind, was dazu führen kann, dass sich mehr Menschen von Ihnen angezogen fühlen.

Die aufrechte Sitzposition

Ohne viel darüber nachzudenken, kann man auch leicht erkennen, dass eine Person, die gewöhnlich so sitzt, eine sichere, zuverlässige und geborgene Person ist. Und wenn Sie die meiste Zeit so sitzen, egal ob Sie es bewusst oder unbewusst tun, werden andere Sie für eine solche Person halten. Und das ist gut so, vor allem wenn es um Geschäfte mit anderen geht, denn wenn die Leute denken, dass Sie wirklich vertrauenswürdig und sicher sind, werden sie Ihnen eher vertrauen und mit Ihnen Geschäfte machen. Ganz zu schweigen davon, wie dies Ihnen bei der Partnersuche oder in der Liebe helfen wird.

Die zurückgelehnte Sitzposition

Von allen Sitzpositionen ist dies vielleicht diejenige, die eine analytische Atmosphäre schaffen kann. Das Zurücklehnen ist eine Geste, die einfach zeigt, dass Sie in der Lage sind, zu reflektieren oder Situationen zu beobachten, ohne notwendigerweise oder vorschnell zu handeln. Das bedeutet auch, dass Sie objektiver sind als die meisten anderen Menschen, da Sie in der Lage sind, sich weit genug von einer Situation zu entfernen, um nachzudenken, bevor Sie handeln. In einer Beziehung kann dies anderen den Eindruck vermitteln, dass Sie sich der Gefühle anderer sehr bewusst sind, was Ihnen auch helfen kann, eine tiefere Verbindung zu den Menschen aufzubauen und ihr Vertrauen und ihre Loyalität zu gewinnen.

Mit gekreuzten Knöcheln sitzen

In den meisten Fällen vermittelt das Sitzen mit gekreuzten Knöcheln einfach den Eindruck, dass die Person, die in dieser Position sitzt, nicht nur elegant und raffiniert, sondern auch bescheiden und offen ist. Kombiniert mit leicht geöffneten Beinen vermittelt diese Position das Gefühl, sich sowohl in der eigenen Haut als auch in der Umgebung wohlzufühlen.

Arme in sitzender Position

Wenn man starr sitzt und sich praktisch an die Armlehnen des Stuhls klammert, demonstriert man Aufmerksamkeit und Sensibilität für seine Umgebung. Außerdem wirkt die sitzende Person auf diese Weise auf die meisten anderen Menschen emotional und körperlich unsicher, weil sie sich die meiste Zeit an den Armlehnen des Stuhls festhalten muss, um Halt zu finden.

Aber auch das bloße Benutzen der Armlehnen, indem man die Arme auf ihnen abstützt, anstatt sie zu umklammern, kann einen ganz anderen, ja sogar gegenteiligen Eindruck vermitteln. Dies kann vermitteln, dass Sie eine emotional, körperlich und geistig stabile Person sind, sodass die Menschen dazu neigen, sich in Bezug auf ihre emotionale und intellektuelle Stabilität auf Sie zu verlassen. Sie werden wahrscheinlich zu ihren bildlichen Armen.

Sitzende Position mit gekreuzten Armen

Gekreuzte Arme werden oft als Zeichen von Sicherheit, Verteidigung und Stärke wahrgenommen. Es kann aber auch als Zeichen der Verschlossenheit gegenüber neuen Ideen oder des Selbstschutzes gesehen werden, wobei die vor dem Körper verschränkten Arme den Schutz des eigenen Körpers vor dem Rest der Welt bedeuten. In jedem Fall ist die Sitzposition mit gekreuzten Armen eine Körpersprache, die anzeigt, dass eine Person weder offen noch schwach ist.

Seitliche Sitzposition

Wenn Sie eine Frau sind, ist dies genau das Richtige für Sie. Beim Damensattel sitzen Sie mit den Knien zur Seite. Diese Art von Position vermittelt eine natürlich süße, fürsorgliche und sanfte Persönlichkeit. Sie kann auch eine etwas kokette Persönlichkeit vermitteln. Wählen Sie also gut aus, wem Sie diese besondere Körperhaltung zeigen. Und wenn Sie Ihre Knie und Ihre Brust in Richtung der anderen Person zeigen, kann dies unbewusst als Bereitschaft und Offenheit für etwas Neues, d. h. für eine mögliche Beziehung, interpretiert werden.

Hände auf dem Schoß in sitzender Position

Wenn Ihre Hände auf den Oberschenkeln ruhen und still sind, kann dies als Zeichen dafür gewertet werden, dass Sie ein nachdenklicher und schüchterner Mensch sind. Wenn Sie Ihre Hände beim Sitzen ruhig halten können, wirken Sie ruhig und gelassen.

Zentrale Sitzposition

In der Mitte eines Sofas, einer Bank oder sogar eines Tisches zu sitzen, vermittelt anderen, dass Sie eine absolut selbstbewusste Person sind. Und warum? Denn Menschen, die unsicher oder sogar zögerlich sind, neigen dazu, sich Gedanken darüberzumachen, wo sie sitzen sollen. Sie machen sich grundsätzlich Gedanken darüber, wo sie sitzen sollen, und das Sitzen in der Mitte ist für die meisten von ihnen sehr unbequem. Indem Sie sich in die Mitte setzen, teilen Sie anderen mit, dass Sie keine Angst haben, im Mittelpunkt zu stehen, und dass Sie wählen können, wo Sie sitzen möchten. Indem Sie anderen auf subtile Weise vermitteln, dass Sie selbstbewusst sind, können Sie auch freundlich und mutig wirken, was den Aufbau einer Beziehung zu anderen erleichtern kann – eine entscheidende Fähigkeit im Geschäftsleben.

Beine auf der Armlehne des Stuhls in sitzender Position

Dies ist eine Sitzposition, die meist von Männern eingenommen wird, da sie auch die Position der gespreizten Beine ausnutzt. Diese Sitzposition ist auch eine, in der eine Person den Stuhl übernimmt und eine aggressive und informelle Haltung vermittelt.

Obwohl es nicht ungewöhnlich ist, diese Haltung zwischen zwei Freunden zu sehen, die Zeit damit verbringen, miteinander zu scherzen und zu lachen, ist sie für andere, ernstere Situationen nicht geeignet. Ein Beispiel: Sie sind Chef und Ihr Untergebener kommt zu Ihnen, nachdem er einen großen Fehler bei der Arbeit gemacht hat, was für Sie völlig in Ordnung ist. Nehmen wir an, Ihr Untergebener fühlt sich wegen des Fehlers sehr schuldig und sitzt mit gesenktem Kopf und den Händen auf den Knien vor Ihrem Tisch: unterwürfige Körpersprache. Nehmen wir an, Sie hören Ihrem Untergebenen eine Weile zu und nehmen dann schnell eine Position ein, in der Sie die Beine auf dem Stuhl ablegen und die Arme ausstrecken. Auf diese Weise haben Sie Ihrem Untergebenen gerade mitgeteilt, dass es Ihnen egal ist, wie er sich fühlt, und dass Sie Ihre Zeit vergeuden. Es ist, als würden Sie ihm sagen, dass Sie die gleiche alte Geschichte leid sind. Mit dieser Haltung erwecken Sie tatsächlich den Eindruck, dass Sie die Gefühle Ihres Untergebenen aggressiv ignorieren.

Vielleicht ist Ihr Grund, die Gefühle Ihres Untergebenen zu ignorieren, tatsächlich sehr stichhaltig: Sie denken, dass er nichts ernsthaft falsch gemacht hat und dass er sich wegen seines Fehlers nicht so schlecht fühlen sollte. Auch wenn Sie verbal kommunizieren, sollten Sie nicht vergessen, wie stark die Körpersprache ist, wenn es darum geht, mit anderen zu kommunizieren: Sie ist stärker als die verbale Kommunikation. Selbst wenn Ihre Absichten gut waren und Sie ihn wirklich ermutigen wollten, vermittelt Ihre Körpersprache, d. h. die Haltung Ihrer Beine auf dem Stuhl und Ihrer Arme, im Grunde eine ganz andere Botschaft, die aggressiv besagt, dass Sie nicht daran interessiert sind, wie er sich fühlt, und dass er nur Ihre Zeit verschwendet.

Sie sollten diese Körpersprache auf jeden Fall vermeiden, außer bei informellen Kontakten mit Menschen, zu denen Sie bereits eine enge Beziehung haben. Wenn Sie sie im beruflichen Kontext verwenden, werden Sie Ihre Gesprächspartner höchstwahrscheinlich verärgern und Ihre Chancen auf eine erfolgreiche Diskussion oder Verhandlung mit ihnen und ihre Überzeugung, auf Ihrer Seite zu stehen, erheblich verringern.

Rittlings auf einem Stuhl sitzend

Vor langer Zeit benutzten die Menschen Schilde, um sich vor den Waffen ihrer Feinde zu schützen. Heutzutage verwenden die Menschen alles, was ihnen zur Verfügung steht, um sich vor vermeintlichen körperlichen und verbalen Angriffen zu schützen. Diese Versuche können darin bestehen, sich hinter einem Gegenstand wie Türen, Zäunen oder sogar Toren zu verstecken oder sich auf einen Stuhl zu spreizen.

Wenn man sich auf einen Stuhl setzt, kann man sich auch symbolisch schützen, indem man die Stuhllehne benutzt. Außerdem kann eine solche Haltung eine Person dominant und aggressiv erscheinen lassen, was dazu beitragen kann, „Aggressoren" abzuwehren, und da diese Haltung eine gespreizte Beinhaltung erfordert, erlaubt sie es auch, mehr Raum einzunehmen, was der Haltung eine weitere Bestätigung verleiht.

Wie bei anderen Dominanz-Positionen ändern Sie Ihre Position, um Ihren Partner zu zwingen, seine Position zu brechen. Sie können zum Beispiel aufstehen und sich hinter ihn oder sie stellen, um ihn oder sie zu zwingen, sich umzudrehen und seine oder ihre Spreizstellung zu verlassen, um mit Ihnen weiter zu interagieren. Die Wahrscheinlichkeit, dass dies funktioniert, ist auch deshalb hoch, weil Sie Ihren Partner in eine verletzliche Rolle bringen, die Menschen mit starken Persönlichkeiten nicht mögen, wenn sie sich hinter ihn stellen.

Was ist, wenn die Person auf einem Drehstuhl sitzt, der sich sehr leicht umdrehen lässt, ohne dass die Grätschstellung unterbrochen werden muss? Um seine Wahrnehmung der Dominanz zu brechen, müssen Sie dem Positionswechsel eine weitere Aktion hinzufügen: Sie müssen in seinen persönlichen Raum eindringen. Nachdem Sie aufgestanden sind, um das Gespräch mit ihm fortzusetzen, was Sie auch in die Position bringt, auf ihn herabzuschauen, wird es für ihn sehr unangenehm sein, sich weiterhin auf dem Stuhl zu räkeln, was ihn schließlich dazu zwingen wird, die Grätschstellung aufzugeben und eine bequemere Position einzunehmen.

Die Bedeutung von Beinen und Füßen in der Körpersprache

Zeichen, die mit den Beinen und Füßen gemacht werden, lassen sich nur schwer bewusst steuern oder gar vortäuschen. Beine und Füße können Aufschluss über die Stimmung und die Gefühle einer Person geben.

Was Sie beachten sollten, wenn Sie versuchen, die Körpersprache von Beinen und Füßen zu entschlüsseln:

- Bedenken Sie, dass Männer und Frauen unterschiedlich sitzen. Dies ist die erste Überlegung, die man anstellen muss, wenn man die Körpersprache der Beine liest. Das liegt zum Teil an der Kleidung und zum Teil an den Geschlechtsunterschieden. Männer haben offensichtlich eine offenere Beinstellung als Frauen.
- Ältere Frauen neigen dazu, eine bescheidenere Beinstellung einzunehmen als jüngere Frauen. Dies kann auf Unterschiede in der Bildung, den gesellschaftlichen

Trends und der Art der Kleidung zurückzuführen sein. Wenn Sie versuchen, die Körpersprache zu lesen und zu bewerten, sollten Sie die folgenden Punkte beachten.

- Man muss auch bedenken, dass Menschen bei langem Sitzen dazu neigen, die Position ihrer Beine zu verändern. Dies kann zu falschen Annahmen über die Signale führen, die andere machen.
- Beinzeichen werden oft von Hand- und Armzeichen begleitet. Zum Beispiel sieht man oft jemanden mit gekreuzten Beinen und Armen. Dies kann auf Desinteresse, Unsicherheit, Distanziertheit oder Ablehnung hindeuten.

Es ist zu beachten, dass die Begriffe „gekreuzte Beine", wenn sie allein verwendet werden, sich auf die Beine beziehen können, die an beiden Knien gekreuzt sind. Bei der als „Nummer 4" bezeichneten Beinstellung wird das Standbein oberhalb des Knies von der unteren Wade des gekreuzten Beins gekreuzt. Dadurch entsteht die Form der Zahl 4, daher der Name. Es ist auch als „Amerikanisches Beinkreuz" bekannt, da es in den USA beliebter ist als im Vereinigten Königreich.

Unsere Arme und Hände spielen eine wichtige Rolle beim Verstehen der Körpersprache:

- Eine offene Armhaltung vermittelt Aufrichtigkeit und Akzeptanz der Situation.
- Eine abwehrende Haltung mit vor der Brust verschränkten Armen kann auf Skepsis oder Misstrauen gegenüber den Aussagen des Gesprächspartners hindeuten.
- Offene Handflächen deuten auf einen entspannten und angenehmen Geisteszustand hin.
- Die Hände in die Taschen zu stecken, ist ein typisches Zeichen von Nervosität oder Desinteresse.
- Zorn oder Wut können durch Hände auf der Hüfte ausgedrückt werden.

Die Art des Händedrucks kann eine Reihe von Botschaften vermitteln:

- Beim Händeschütteln ist es üblich, aufzustehen. Dies ist eine Geste des Respekts. Aufrichtigkeit wird durch die Aufrechterhaltung des Augenkontakts während des Händedrucks demonstriert.
- Schweißnasse Handflächen deuten auf Angst oder Nervosität hin, während die Person, die den Händedruck ausführt, Vertrauen zeigt.
- Ein kräftiger Händedruck mit nach unten gerichteter Hand gilt allgemein als Zeichen des Vertrauens. Oft müssen die Handflächen miteinander in Kontakt kommen. Wahrscheinlich kompensieren sie etwas, das zu eng ist. Ein zittriger Händedruck mit nach oben gerichteter Hand deutet dagegen auf Schüchternheit oder Nervosität hin.

Rücken und Schultern

Es zeugt von Selbstvertrauen, wenn die Schultern gekrümmt und nach hinten gedrückt werden, ohne die Rückenmuskulatur übermäßig zu versteifen.

Verspannungen und Nervosität zeigen sich durch steife und angespannte Rückenmuskeln. Das Neigen des Rückens oder der Schultern ist ein Zeichen von Langeweile oder Faulheit.

Verschränkte Arme

Das Verschränken der Arme kann eine Vielzahl von Botschaften vermitteln, steht aber im Allgemeinen für eine schützende Person. Wenn Sie Ihre Arme verschränken, zeigen Sie, dass Sie nicht mit anderen Menschen oder äußeren Einflüssen interagieren wollen. Viele Menschen tun so, als würden sie ihre Arme verschränken, weil ihnen kalt ist und sie Energie erzeugen wollen. Die Menschen nehmen diesen Ausdruck aufgrund seiner Oberflächlichkeit in ähnlicher Weise wahr. Bei allem Respekt, wenn es um die Körpersprache geht, hat das eine ganz andere Bedeutung.

Es bedeutet auch, dass man nicht bereit ist, sich an Debatten oder Diskussionen dieser Art zu beteiligen. So entsteht ein Schutzschild vor dem Körper, um jemanden zu warnen, der gerade ein Gespräch beginnen will. Daher muss man vorsichtig sein, wenn man mit jemandem zu tun hat, der die Arme verschränkt. Verletzlichkeit oder ein Gefühl der Unsicherheit können die Entscheidung einer Person beeinflussen, ihre Arme zu verschränken. Wenn dies der Fall ist, wird es als ein Zeichen gedeutet, dass Sie versuchen, sich selbst zu trösten, was zu diesem Zeitpunkt verständlich ist.

Obwohl das Verschränken der Arme ein Zeichen dafür sein kann, dass man sich jeder Diskussion verschließt, gibt es noch andere Zeichen, die diese Geste begleiten und auf die man achten sollte. Sobald eine Person ihre Arme verschränkt, schüttelt sie vielleicht den Kopf, um „Nein" zu signalisieren, oder vermeidet sogar den Blickkontakt um jeden Preis. Andere Anzeichen können sein, dass die Füße von Ihnen weg zeigen, die Beine gekreuzt sind und Sie sich zurücklehnen. Dies sind die Symptome einer Person, die ihre Arme verschränkt, um Menschen fernzuhalten.

Mit den Händen auf den Schultern stehend

Mit den Händen auf der Hüfte zu stehen ist die perfekte Art und Weise, der Welt zu zeigen, dass Sie die Kontrolle über Ihr Leben haben. Geübte Personen, die die Körpersprache lesen können, sagen Ihnen genau das, was Sie wissen müssen, ohne jede Zweideutigkeit. Sie kann auch als beleidigende Darstellung interpretiert werden. Beim Flirten mit Frauen mögen Männer diese Pose am liebsten. Sie beugen sich leicht vor, was als Hinweis darauf gedeutet wird, dass der Mann an der Frau interessiert ist und sie gerne länger halten möchte.

Das heißt aber nicht, dass Frauen nicht auch posieren können. Das tun sie, und die Bedeutung ist dieselbe. Die Pose mag ganz anders sein, aber die Hände auf den Hüften sind immer noch da. Alles andere mag sich ändern, aber das ist nicht der Fall. Die Person kann sich nach vorne lehnen und den Kopf zur Seite drehen. All dies soll zeigen, dass man auf das Gesagte achtet, und kann durch ein einfaches Lächeln und direkten Augenkontakt ergänzt werden.

Es ist eine zuversichtliche Haltung, und wer ihr folgt, ist imm noch in der Lage, alles zu tun, um seine Ziele zu erreichen. Stehe Sie einfach auf und stemmen Sie Ihre Hände in die Hüften, wenn Sie aggressiv sind und dies auf nonverbale Weise zeigen wollen. Sie und Ihre Persönlichkeit werden im Mittelpunkt stehen. Das ist wirkungsvoller als einfach zu sagen: „Ich bin gewalttätig".

Taten sagen mehr als Worte und diese Körpersprache ist nicht anders.

Hände hinter dem Rücken verschränkt

Die wichtigsten Signale, die das Verschränken der Hände hinter dem Rücken anderen vermitteln kann, sind Angst, Frustration und Ärger. Es erweckt den Eindruck, dass eine Person entblößt ist und von niemandem gesehen werden möchte. Es kann zu Unbehagen kommen, was das häufigste Symptom von Angstzuständen ist. Gleichzeitig gibt es ein Gefühl des Sitzens, Stehens, Gehens und Laufens.

Offene Arme

Eine weitere Bewegung, die das Gefühl von Ordnung vermitteln kann, ist das Ausbreiten der Hände. Sie versuchen, so viel Platz wie möglich zur Verfügung zu stellen. Es ist eine Geste, die Vertrauen schafft, weil sie das Territorium abgrenzt. Es ist eine kraftvolle nonverbale Kommunikation, die keine Worte erfordert, um zu zeigen, wie man sich fühlt. Wenn sie die Macht haben zu befehlen, nehmen sowohl Männer als auch Frauen gerne diese Pose ein.

Ausgestreckte Arme können auch als Bereitschaft zur Akzeptanz verstanden werden. Menschen, die kurz davor sind, sich zu umarmen, werden dies eher bemerken. Es ist eine großartige Möglichkeit, seine Liebe zu jemandem auszudrücken, ohne es zu sagen. Wenn es sich nicht um Liebe handelt, umarmen sich die Menschen zur Begrüßung, aber wenn es sich um das gleiche Geschlecht handelt, ist die Botschaft ein wenig anders. Auch Kinder umarmen sich, wenn sie spielen, was nicht als übertriebene Geste verstanden werden sollte. Das Ausbreiten der Arme ist ein nonverbaler Kontakt, der eine starke Botschaft über die eigenen Gefühle vermittelt.

…ssen dicht am Körper gehalten werden

…uationen im Leben, in denen es von Vorteil ist, … Körper zu halten. Bei einigen Sportarten, wie …all, liegt der Schwerpunkt auf der Positionierung … um den Körper vor Verletzungen zu schützen. Dies …e Möglichkeit, diese Haltung zu verstehen, die auch beim …utofahren wichtig ist. Die Arme eng am Körper zu halten, ist eine ernste Botschaft über das eigene Selbst, auch wenn man keinen Sport treibt. Viele Menschen haben sie als gültiges nonverbales Mittel zum Ausdruck ihrer Gefühle betrachtet.

Diese Position zeigt an, dass man auf sich selbst konzentriert ist und keine Aufmerksamkeit auf sich ziehen möchte. Diese Haltung veranlasst die Menschen, sich, wenn auch nur vorübergehend, aus der Öffentlichkeit zurückzuziehen, um ein privateres Leben zu führen. Wenn es um persönliche Angelegenheiten geht und Sie nicht wollen, dass andere sich einmischen, nehmen Sie einfach diese Haltung ein, und die Botschaft wird wirksam vermittelt.

Schütteln oder schnelles Klopfen mit den Fingern

Haben Sie die Angewohnheit, mit den Fingern zu zappeln oder schnell zu schnippen? Vielleicht haben Sie dies schon oft getan, ohne sich darüber im Klaren zu sein, welche Botschaft Sie damit an andere senden. Viele, die darin geschult sind, Körpersprache zu lesen, werden Ihre Ungeduld, Langeweile oder Frustration schnell erkennen. Eine der Möglichkeiten, wie Menschen den Stress in ihrem Körper abbauen können, ist diese Bewegung.

Nonverbale Bein- und Fußsignale

Signal	Mögliche Bedeutung(en)	Einzelheiten
Sitzende Position – Beinrichtung (allgemein)	Es könnte ein Zeichen von Interesse oder Aufmerksamkeit sein (hängt von der Richtung des Beins ab).	Wenn eine Person sitzt, sind die Knie in der Regel in Richtung des interessierenden Punktes gerichtet. Umgekehrt zeigt das Bein wahrscheinlich auf jemanden (oder etwas), der/das als uninteressant oder bedrohlich angesehen wird. Diese Regel gilt für gekreuzte Beine: Der obere Teil des Knies zeigt Interesse oder Desinteresse an, je nachdem, in welche Richtung er zeigt. Je schärfer und deutlicher die Position, desto stärker die Anziehung oder Abstoßung.
Sitzende Position – nicht gekreuzte Beine (allgemein)	Es kann auf Offenheit hindeuten.	Die offene, nicht gekreuzte Beinhaltung im Sitzen bedeutet im Allgemeinen eine offene Haltung. Der Schneidersitz deutet auf das Gegenteil hin und kann eine verschlossene Haltung oder eine gewisse Vorsicht signalisieren.
Sitzposition mit parallelen Beinen (meist für Frauen)	Es kann auf ein gewisses Maß an Offenheit hindeuten.	Es ist bei Frauen weit verbreitet, vielleicht wegen ihrer Erziehung und ihres Kleidungsstils. Es ist ein Zeichen von Offenheit gegenüber anderen.
Sitzposition im Schneidersitz (allgemein)	Dieses Verhalten kann ein Zeichen von Vorsicht oder Desinteresse sein.	Diese Position kann verschiedene Gründe haben. Dies kann unter anderem ein Gefühl der Bedrohung, der Unsicherheit oder ein geringes oder fehlendes Selbstvertrauen sein.

Beine kreuzen: eine signifikante Veränderung der Sitzposition.	Es kann Interesse oder Desinteresse an der Richtung des gekreuzten oberen Knies anzeigen.	In der Regel zeigen der gekreuzte Oberschenkel und das gekreuzte Knie in die Richtung des eigenen Interesses. Wenn das Knie auf eine Person zeigt, bedeutet dies, dass der Fokus auf dieser Person liegt. Zeigt er von einer Person weg, bedeutet dies Desinteresse oder eine empfundene Bedrohung durch diese Person. Beachten Sie, dass die Zeichen deutlicher sind, wenn man sich hinsetzt und sofort die Ausgangsposition einnimmt. Bein- und Fußzeichen werden unzuverlässig, wenn die Personen mehr als 30 Minuten gesessen haben. Sie müssen ihre Position ändern, um Unbehagen zu vermeiden.
Das vierbeinige Kreuz oder die amerikanische Position	Es ist ein Zeichen von Unabhängigkeit und Hartnäckigkeit.	Diese Position zeigt an, dass die Person selbstbewusst ist. Sie entblößt den Genitalbereich und lässt den Oberkörper nach hinten kippen. Der Schneidersitz ist wie eine schützende Barriere, sodass diese Haltung als hartnäckiger bekannt ist als der „Schneidersitz mit beiden Knien□.
Das 4-beinige (oder amerikanische) Kreuz mit einer Handklemme	Das ist ein Zeichen für Widerstand. Es zeigt an, dass die Person stur ist.	Diese Position ist eine hartnäckigere und schützende Version des normalen vierbeinigen Kreuzes. Die andere Hand hält den Knöchel des gekreuzten Beins, wodurch eine eher verschlossene Position entsteht, die die aktuelle Stimmung der Person widerspiegeln kann.

Sitzende Position – Beine offen	Das ist ein Zeichen von Arroganz. Es kann auch ein Gefühl der Kampfbereitschaft ausdrücken. Eine andere Interpretation könnte sein, dass die Person sexuell posiert.	Dieses Zeichen steht für eine dominante und selbstbewusste Haltung. Männer, die diese Position einnehmen, tun dies nur selten in formellen Situationen (z. B. bei Besprechungen), da es sich in erster Linie um ein sexuelles Zeichen handelt. Diese Position ist ganz anders, denn das „Zeigen“ erfolgt von der Leiste des Mannes aus, dessen Ziel jeder sein kann, eine einzelne Person oder ein ganzes Publikum. Dies ist keine traditionelle Position für Frauen, insbesondere nicht in formellen Situationen und schon gar nicht, wenn sie einen Rock tragen. Unabhängig vom Geschlecht wird diese Position als kämpferisch bezeichnet, da sie mehr Platz erfordert. Außerdem lässt es die Person größer oder breiter erscheinen. Wenn die Person ihre Arme öffnet, befindet sie sich in einer offenen Position.
Sitzende Position – Knöchel sperre	Sie kann als defensiv charakterisiert werden.	Bei Männern können die Knie auseinander (natürlich für Männer) oder zusammen (natürlich für Frauen) sein. Es kann auch ein Hinweis auf die Unterdrückung negativer Gefühle sein.
Aufrechte Haltung: Die Beine sind „ausgestreckt“.	Es kann ein Zeichen von Aggression sein oder von einer Person, die bereit ist zu handeln.	Die Liegeposition ist eine Position, in der die Beine weit gespreizt sind. Sie schafft in der Regel eine solide Basis, von der aus angegriffen oder verteidigt werden kann. Man sagt, dass es den Körper breiter erscheinen lässt. Die Haltung der Hände in den Hüften unterstützt die Interpretation.

Militärische Haltung „stillgestanden	Das kann bedeuten, respektvoll zu sein.	Diese Haltung ist oft ein Zeichen des Respekts: die Beine stehen gerade, zusammen und parallel, die Schultern zurück und die Arme an den Seiten. Es ist auch ein Zeichen der Unterwerfung, wenn man sich an jemanden mit Autorität wendet.
Sitzende Position – Beine ineinander verschränkt (in der Regel von einer Frau)	Diese wird oft als Zeichen der Unsicherheit wahrgenommen. Sie wird auch als sexuelle Pose betrachtet.	Im Volksmund wird diese Position auch als „Beinzwirn bezeichnet: Ein Bein wird eng gekreuzt und um das andere Bein gewickelt. Die Auslegung hängt von den jeweiligen Umständen ab. Sie kann ein Zeichen für Rückzug und Schutz sein. Es kann aber auch eine sexuelle Zurschaustellung der Muskulatur und des festen Tonus des gekreuzten Beins sein. Die Position der anderen Körperteile muss berücksichtigt werden.
Stehende Position: die Beine sind gekreuzt und simulieren eine Schere.	Es kann als Zeichen von Unsicherheit oder Unterwerfung gedeutet werden.	Diese Haltung ist häufig bei Gruppen von Menschen zu beobachten, die an einer Party oder einem anderen Treffen teilnehmen. Sie gilt als Zeichen der Verteidigung. Sie kann bei Menschen beobachtet werden, denen es an Selbstvertrauen mangelt. Außerdem wird sie noch verstärkt durch einen Mangel an körperlicher und auditiver Beteiligung und Verbindung, oft in sozialen Zusammenkünften oder Gruppentreffen. Wenn die Beine gekreuzt sind, die Arme aber nicht, kann dies ein Hinweis darauf sein, dass man sich bereit erklärt hat, aufzustehen und sich zu engagieren. Die Position

		kann viele verschiedene Bedeutungen haben, je nachdem, wie die anderen Teile des Körpers positioniert sind.
Stehende Position – Knieschluss	Es kann bedeuten, dass man unter großem Druck steht.	Ein starkes Beugen der Knie ist wie ein Zusammensacken oder eine Kapitulation, weil die Person unter großem Stress steht. Andererseits kann ein leichtes Beugen des Knies in aufrechter Position bedeuten, dass die Person einer unangenehmen Aufgabe entgegensieht.
Der Fuß (oder beide Füße) zeigt in eine bestimmte Richtung	Im Allgemeinen gibt die Richtung des Fußes die Richtung des Interesses an.	Wie die Knie zeigen auch die Füße in den Mittelpunkt des Interesses. Im Gegenteil, sie wenden sich von etwas oder jemandem ab, der sie nicht interessiert.
Stehende Position Füße nach vorne	Dieses Signal kann bedeuten, dass die Aufmerksamkeit der Person auf das dominante Mitglied der Gruppe gerichtet ist.	Diese Haltung wird häufig in Gruppen beobachtet. Sie werden eine Vorstellung davon bekommen, wer als Anführer der Gruppe wahrgenommen wird, weil die Leute dazu neigen, mit den Füßen auf die Person zu zeigen, die die Gruppe unwissentlich zum Anführer gemacht hat (wenn sie oder er es noch nicht sind).
Einige spielen mit Schuhen (besonders bei Frauen)	Es ist eine Form der Entspannung. Es kann auch bedeuten, dass die Frau flirtet.	Wenn Sie eine Frau in dieser Haltung beobachten, achten Sie darauf, wie entspannt sie sich in diesem Moment fühlt. Den Fuß baumeln zu lassen und dann in den Schuh hinein und wieder herauszuschieben, hat tatsächlich sexuelle Anklänge.

Die meisten Botschaften in der Kommunikation sind nonverbal. Im Folgenden sind einige der häufigsten nonverbalen Hinweise aufgeführt

Stirnrunzelnd

Wenn Sie jemanden mit einer gerunzelten Stirn sehen, kann das nur eines bedeuten: Er ist über etwas verärgert. Manche Menschen bemühen sich bewusst, die Stirn zu runzeln, für andere ist es eher eine automatische Reaktion auf unangenehme Ereignisse. Diejenigen, die ständig die Stirn runzeln, wirken distanziert und unnahbar. Aus diesem Grund haben sie möglicherweise Schwierigkeiten, enge Beziehungen zu anderen Menschen aufzubauen. Es gibt jedoch eine Kategorie von Menschen, die nicht gelernt haben, ihre Mimik zu kontrollieren. Sie scheinen die Stirn zu runzeln, auch wenn ihnen nichts fehlt. Diese Menschen haben ein Gesicht, das einfach hart aussieht.

Stützen das Kinn mit einer geschlossenen Faust

Wenn Menschen ein Gespräch führen und einer von ihnen sein Kinn auf die geballte Faust stützt, bedeutet dies, dass er mit dem Gesagten nicht einverstanden ist. Die Körperhaltung verrät ihren Gedankengang, aber sie drücken sich nicht immer aus. Es ist Sache des Gesprächspartners, die Pose zu bemerken und die Frage zu stellen. In diesem Fall kann es in den Augen der anderen unhöflich sein, das Kinn auf die Faust zu stützen.

Bedecken das Gesicht mit den Händen

Wenn jemand sein Gesicht mit den Händen bedeckt, kann das zweierlei bedeuten: Er ist erschöpft oder besorgt. Das moderne Leben ist voll von stressigen Bedingungen. Es gibt Dinge, die uns zu jeder Zeit erheblichen emotionalen Schmerz bereiten können. Es ist daher leicht, von Sorgen überwältigt oder müde zu werden. Vielleicht fällt Ihnen auf, dass jemand dies tut, wenn eine andere Aufgabe ansteht, die seine Ressourcen beansprucht, oder dass er es als Zeichen zunehmender Müdigkeit tut.

Bedecken den Mund mit der Handfläche

Stellen Sie sich vor, Sie sind ein 20-jähriger Junge an der Universität und hatten Sex mit einem Mädchen, das schwanger geworden ist. Überlegen Sie, wie Ihre Mutter reagieren würde, wenn Sie ihr mitteilen, dass Sie ein Kind erwarten. Vielleicht würde sie sich sofort den Mund mit der Handfläche zuhalten, um nicht zu sprechen. Diese Geste zeigt, dass Sie zu schockiert sind. Das tun die Menschen in der Regel, bevor sie die richtigen Worte finden, um ihre Betroffenheit auszudrücken.

Halten die Lippen innen

Nehmen wir an, es ist ein Ehepartner, der gerade am Telefon ist und sofort auflegt. Sie versuchen dann zu verstehen, warum sie aufgelegt hat. Sie fragen sie, mit wem sie gesprochen hat. Aber anstatt es zu verraten, schürzt sie ihre Lippen. Dies ist ein klares Zeichen dafür, dass sie das Gespräch nicht fortsetzen möchte. Es ist ihr unangenehm, Ihnen zu sagen, mit wem sie gesprochen hat. Menschen schürzen ihre Lippen, wenn sie sich unwohl fühlen, über ein bestimmtes Thema zu sprechen.

Geneigter Kopf

Stellen Sie sich vor, Sie befinden sich in einer geselligen Runde und als Sie sich umsehen, bemerken Sie eine Frau in der Ecke, die plötzlich den Kopf schief legt. Dies ist gleichbedeutend mit der Aufforderung: „Komm her". Ein geneigter Kopf ist immer ein Zeichen von Interesse. Und es bedeutet in der Regel, dass die Person ein hohes Interesse hat. Hat die Person dagegen die Hände vor dem Becken verschränkt und den Kopf geneigt, ist dies ein Zeichen für Nervosität. Sie haben Angst, dass Sie ihren Wunsch, mit Ihnen zu sprechen, nicht erwidern werden.

Kratzen am Schlüsselbein

Dies ist der klassische Indikator für Überlastung. Der Durchschnittsbürger hat zu viele Aufgaben zu bewältigen, doch die Ressourcen sind begrenzt. Denken Sie an eine Frau aus der unteren Mittelschicht.

Vermutlich muss sie sich um ihren Ehepartner und ihre Kinder kümmern, arbeiten und bei jeder Gelegenheit Engagement zeigen. Wenn sie im Büro ist, kann es sein, dass sie sich am Schlüsselbein kratzt, während sie all die Lasten verarbeitet, die sie zu tragen hat, damit ihr Leben reibungslos verläuft.

Weit geöffnete Augen

Unsere Augen sind sehr kommunikativ. Das ist alles, was man sehen muss, bevor man sich ein Urteil bildet. Große Augen sind ein Zeichen für Aufregung. Stellen Sie sich einen Mann vor, der seiner Verlobten gerade einen Heiratsantrag gemacht hat und sie hat Ja gesagt. Sein ängstlicher Blick wird sofort durch den Ausdruck großer Augen ersetzt. Wenn die großen Augen jedoch von einem Lächeln begleitet werden, ist dies ein Hinweis auf Nervosität. Die Augen sind wahrscheinlich der ausdrucksstärkste Teil des Menschen. Man kann erkennen, ob eine Person traurig, glücklich oder wütend ist, indem man ihr in die Augen schaut.

Blick nach unten

Wenn Sie versuchen, mit jemandem zu sprechen, aber er schaut immer wieder zu Boden, kann das nur eines bedeuten: Er ist desinteressiert. Er würde lieber woanders sein. Andererseits könnte ein Blick nach unten bedeuten, dass die Person von Ihrer Anwesenheit überwältigt ist und sich von Ihnen eingeschüchtert fühlt. Wenn ihre Körperhaltung generell weggezogen ist, deutet dies auf ein viel stärkeres Desinteresse hin.

Anlehnen

Wenn sich jemand zu Ihnen lehnt, bedeutet das, dass er an Ihrer Nähe interessiert ist. Dies gilt umso mehr, wenn sie sich öffnen oder ihre Hände an dich legen.

Wenn sie die Arme um Ihren Bauch legen, genießen sie vielleicht den Moment, versuchen aber, etwas zurückzuhalten. Es ist auch wichtig, die Richtung zu überprüfen, in die sie ihre Füße zeigen. Im Allgemeinen zeigen unsere Füße in die Richtung, in die wir gehen wollen. Wenn die Füße zu Ihnen zeigen, bedeutet das, dass sie daran interessiert sind, Ihnen zuzuhören und sich auf Sie einzustimmen.

Verschlungene Finger

Stellen Sie sich eine Frau vor, deren Mann an der Prostata operiert wird. Sie steht mit ineinander verschränkten Fingern in den Gängen des Krankenhauses. Dies zeigt, dass sie besorgt ist. Die

Verschränkung der Hände in der Brustgegend deutet darauf hin, dass die Sorge noch ausgeprägter ist. Der Akt der angespannten Bewegung geht meist damit einher.

Stützen das Kinn mit der offenen Hand

Stellen Sie sich eine Frau vor, die ihren Mann verdächtigt, sie zu betrügen. Also nimmt sie sein Telefon und überprüft seine Nachrichten. Dabei entdeckt sie eine Reihe von Nachrichten zwischen ihm und einer Geliebten. Der Ehemann denkt sich natürlich eine Geschichte aus. Aber während die Ehefrau dieser unzusammenhängenden Geschichte zuhört, kann sie ihr Kinn auf ihre offene Hand stützen. Diese Haltung ist ein Zeichen für den Verlust des Interesses. Wenn jemand sein Kinn auf die Hand stützt, bedeutet das in der Regel, dass er müde ist von allem, was um ihn herum geschieht.

Nach vorn herausragender Kopf

Diese Haltung ist ein Zeichen für Aggression. Denken Sie an Ihre Schulzeit zurück. Denken Sie daran, wie sich die Jungen (in der Regel der Tyrann gegen das Opfer) verhalten haben, als sie kurz vor dem Schlagabtausch standen.

Derjenige, der am wütendsten ist, neigt seinen Kopf nach vorne: Der aggressive Charakter dieser Haltung wird noch verstärkt, wenn die Person ihre Hände zu einer Faust ballt.

Arme in die Hüften gestemmt, mit zurückgezogenem Kopf

Es ist eine anmaßende Äußerung, die darauf abzielt, die andere Person zu bewerten. Wenn jemand zu sehr an sich selbst denkt, kann es sein, dass er die Arme hochreißt und jede Person von oben bis unten betrachtet, als ob er sie bewerten wollte. Diese Haltung vermittelt den Eindruck, nachgiebig zu sein.

Mit dem Finger zeigen

Menschen, die dazu neigen, mit dem Finger zu zeigen, wenn sie ihren Standpunkt zum Ausdruck bringen, erwecken meist den Eindruck, zu leidenschaftlich zu sein. Wenn jemand eine Aussage macht und sie mit einem Fingerzeig begleitet, hat seine Aussage mehr Gewicht, als wenn dieselbe Aussage einfach gemacht würde. Außerdem deutet das Zeigen mit dem Finger auf eine aggressive Haltung hin.

Den Körper zum Bauch hinbeugen

Stellen Sie sich ein Kind vor, das sieht, wie es von einem Tyrannen verfolgt wird. Es kann sein, dass sich das Kind instinktiv in seinen Bauch zusammenrollt. Er weiß, was auf ihn zukommt und dass er der Stärke des Tyrannen nicht gewachsen ist. Das Einrollen zum Bauch hin ist also ein Akt der Unterwerfung und der Selbsterhaltung. Die Menschen verhalten sich auch so, wenn sie von erschütternden Nachrichten getroffen werden. In der Regel ist der Schmerz so groß, dass sie sich in Richtung ihres Bauches zusammenrollen.

Das Verschränken der Arme

Es ist ein deutlicher Hinweis darauf, dass sich eine Person derzeit unwohl fühlt. Es ist auch ein Zeichen von Spannung. Normalerweise verschränkt ein Mensch, der sich in einer Situation befindet, die negative Gefühle auslöst, die Arme, um sich wohler zu fühlen. Diese Haltung macht negative Emotionen erträglich und wirkt wie eine Bremse, um etwas Unangenehmes zu vermeiden. Das Verschränken der Arme kann auch bedeuten, dass man über etwas verärgert ist. Stellen Sie sich eine Mutter vor, die ihr Baby säubert, das nach draußen läuft und innerhalb von fünf Minuten mit Schmutz bedeckt ist. Wenn das Kind nach Hause kommt, verschränkt die Mutter vielleicht die Arme und fragt sich, welche Strafe für so ein schlechtes Verhalten angemessen ist.

Eine Hand auf die Brust legen

Diese Haltung ist Ausdruck von Aufrichtigkeit.

Wenn jemand seine Hand auf die Brust legt, während er eine Aussage macht, glauben wir ihm wahrscheinlich eher als der Person, die es auf andere Weise gesagt hat. Wenn wir sehen, dass jemand seine Hand auf die Brust legt, denken wir, dass das, was er sagt, von Herzen kommt.

Drücken die Hüfte nach außen

Menschen nehmen diese Position ein, wenn sie sich gegen Kritik verteidigen. In der Regel legen sie auch eine Hand auf ihre Hüfte. Menschen, die diese Position einnehmen, neigen dazu, sich im Recht zu fühlen und hassen es, wenn sie in ein schlechtes Licht gerückt werden. Deshalb müssen sie immer reagieren, um jede Kritik an ihnen zu entkräften.

Ein Sprung mit der Hand nach hinten

Diese Haltung ist Ausdruck von Aufrichtigkeit. Wenn eine Person ihre Hand zurückdreht, will sie einen angespannten Moment verscheuchen. Vielleicht hat er oder sie etwas gesagt, das starke Gefühle geweckt hat, und es hagelt Kritik, sodass er oder sie gezwungen ist, seine oder ihre Hand zurückzuziehen, um einen Angriff abzuwehren. Dies ist in der Regel der Fall, wenn die Person glaubt, nicht verstanden worden zu sein.

Hand an jemand anderen legen

Dies ist der Fall, wenn sich eine Person bei einer anderen sehr wohlfühlt. Es ist eine Demonstration der Zuneigung. Es ist nicht unbedingt eine Demonstration romantischer Anziehung, aber die Parteien haben normalerweise eine Verbindung. Wenn das gegenseitige Interesse zu stark ist, werden die Parteien ihre Köpfe zusammenstecken.

Kieferschluss

Haben Sie schon einmal hinter einer Person gesessen und plötzlich bemerkt, dass sich ihr Kiefer zusammenzieht? Sie haben wahrscheinlich gedacht: „Wie schön!" Aber Sie haben nicht bemerkt, dass die Person wahrscheinlich gestresst ist. Menschen neigen in Stresssituationen dazu, ihren Kiefer zusammenzubeißen. Dies kann aus einem internen oder externen Umfeld kommen. Vielleicht sind es ihre eigenen Gedanken, vielleicht ist es etwas, das um sie herum geschieht.

Übertriebenes Nicken

Jeder weiß, dass Nicken eine Form der Wertschätzung dessen ist, was der Gesprächspartner sagt. Wenn wir mit jemandem sprechen und in regelmäßigen Abständen nicken, senden wir eine positive Botschaft und ermutigen ihn, weiterzumachen. In gewisser Weise ist dies eine Form der Validierung. Aber dann trifft man jemanden, der alle drei Sekunden nickt. Es ist nicht nur eine Ablenkung, sondern auch ein Zeichen von Unsicherheit. Sie sehen sich gezwungen zu nicken, weil sie sich unzulänglich fühlen. Angenommen, Sie bemerken, dass jemand zu oft nickt, und Sie sind sich sicher, dass es seine Unsicherheit ist, die ihn dazu veranlasst, sich so zu verhalten. In diesem Fall könnten Sie sie auffordern, aufzuhören und ihr Verhalten zu erklären. Es ist nicht einfach, ein solches Gespräch zu führen, aber es wird eine große Wirkung haben.

Übung

Vorbeugung ist bei allen zwischenmenschlichen Kontakten sehr wichtig, nicht nur beim Flirten und bei der Partnersuche. Wer sie nicht hat, kann sich möglicherweise selbst verletzen, indem er schlechte Entscheidungen trifft oder sich in Situationen begibt, die er bald bereuen wird. Wenn Sie sich verabreden oder bereits in einer Beziehung sind, bewerten Sie sich selbst. Haben Sie volles Vertrauen in die andere Person? Glauben Sie, dass die andere Person Ihnen auch vertraut? Überlegen Sie, warum Sie in dieser Beziehung sind. Glauben Sie, dass Sie sich in 20 Jahren mit der gleichen Person wiedersehen werden? Die eigene Motivation und den eigenen Status zu verstehen, ist ein wichtiger Aspekt für die Aufrechterhaltung einer Beziehung.

Kapitel 8.
Wie Emotionen empfunden werden

Die Körpersprache ist kompliziert, denn die meisten Positionen, Haltungen und Bewegungen können je nach Kontext unterschiedliche Bedeutungen haben oder bedeutungslos sein. Um zu erkennen, welche körpersprachlichen Signale sinnvoll sind und welche nicht, sollten Sie lernen, wie verschiedene Grundemotionen im Allgemeinen durch verschiedene gleichzeitige Bewegungen ausgedrückt werden. Mit anderen Worten: Sie sollten versuchen, die Bewegungsmuster zu erkennen, die typischerweise mit bestimmten emotionalen Zuständen einhergehen, anstatt sich durch die mühsame und oft unzuverlässige Praxis des Auswendiglernens von Hunderten einzelner körperlicher Aktionen und ihrer Bedeutungen zu quälen.

Nachdenklich oder konzentriert

Zustände der Nachdenklichkeit oder Konzentration sind in der Regel dadurch gekennzeichnet, dass eine Person merklich unbeweglich ist. Die Stille einer Person zeigt in diesem Fall die Konzentration auf einen unausgesprochenen Gedanken (wenn sie nachdenklich ist) oder auf das, was die andere Person zu sagen versucht (wenn sie konzentriert ist). Gelegentlich führt eine konzentrierte oder nachdenkliche Person kleine, sich wiederholende Bewegungen aus, wie z. B. das Klopfen eines Bleistifts auf eine Tischplatte oder das Drehen der Daumen. Eine nachdenkliche oder konzentrierte Person wird unbewusst diese Körpersprache zeigen, die über lange Zeiträume hinweg präsent und konstant ist.

Einige der anderen Körpersprachen, die anzeigen, dass eine Person nachdenklich oder konzentriert ist, sind:

- Den Kopf in den Händen halten
- Ständig auf etwas starren
- Ständig einen engen Blickkontakt halten
- Stirnrunzelnde Augenbrauen

- Verschränkte Arme und starrer Blick
- Nach oben schauen
- Kinn auf Finger oder Hand stützen
- Allgemeines Fehlen von Bewegung
- Neigen des Kopfes
- Zurücklehnen im Stuhl
- Kopf kratzen

Gelangweilt

Im Allgemeinen ist man gelangweilt, wenn man keine Lust hat, dort zu sein, wo man ist, und nicht das tun will, was man tut. Wenn ein Mensch sich langweilt und woanders hingehen möchte, zeigt der Körper, dass auch er woanders hingehen möchte. Die Spannung zwischen dem Wunsch zu gehen und dem Bedürfnis zu bleiben, verursacht Unbehagen. Aus diesem Grund gehen gelangweilte Menschen in der Regel einer körperlichen Tätigkeit nach, um sich von diesem Unbehagen abzulenken.

Einige der häufigsten Bewegungen, die mit Langeweile in Verbindung gebracht werden, sind:

- Hämische Blicke
- Im Stuhl Vorwärts und rückwärts lehnen
- Wandernde Augen
- Verstohlene Blicke auf Gegenstände wie z.B. eine Uhr
- Schweres Seufzen
- In die Ferne starren
- Gähnen
- Gewicht verlagern
- Klopfen der Füße

- Die Daumen drehen
- Fingerklopfen
- Kreuzen und Verschränken der Arme
- Kreuzen und Überkreuzen der Beine
- Kritzeln
- Spielen mit kleinen Gegenständen wie Büroklammern, Stiften, Münzen usw.
- Den Körper vom Gesprächspartner wegdrehen
- Seitliche Kopfbewegung
- Aufbereitung von Kleidung oder Nägeln
- Dehnen
- Versuchen, etwas anderes zu tun
- Kinn in die Hand nehmen und sich umsehen.

Wenn Menschen sich langweilen, gehen sie einer körperlichen Aktivität nach, um aufmerksam zu bleiben. Wenn eine gelangweilte Person diese körperlichen Aktivitäten nicht ausübt, kann sie einschlafen. Aufgrund der notwendigen körperlichen Aktivität ist Langeweile einer der am leichtesten zu erkennenden emotionalen Zustände und einer der am schwersten zu verbergenden.

Einige Anzeichen von Langeweile sind die gleichen oder ähnliche wie bei einer wachen oder nachdenklichen Person. Der wichtigste Unterschied zwischen den beiden ist das Fehlen oder Vorhandensein von Bewegung. Denken Sie daran: Wenn eine Person ins Leere starrt und völlig still ist, kann es sein, dass sie über etwas nachdenkt. Wenn dieselbe Person ins Leere starrt, während sie mit etwas herumfuchtelt, ist sie wahrscheinlich zu Tode gelangweilt.

Wütend

Eine wütende Person drückt ihre Wut aus, indem sie sich zurückzieht, aggressiv oder defensiv wird. Wut in Form von Aggression ist am leichtesten zu erkennen und zeichnet sich durch ein gerötetes

Gesicht, einen geschwollenen Brustkorb, einen zusammengebissenen Kiefer, gespannte Lippen und eine starke, durchsetzungsfähige Stimme aus. Viele Menschen versuchen jedoch, ihre Wut nicht so deutlich nach außen zu tragen oder sie zumindest zu kontrollieren, und ziehen sich deshalb zurück oder werden defensiv.

Einige häufige Anzeichen für die drei Arten von Ärger sind:

- Errötetes Gesicht
- Sarkastisches oder falsches Lachen
- Irritierte Armbewegungen
- Gekreuzte Beine
- Überkreuzte Knöchel
- Verschränkte Arme
- Fingerzeig
- Feste Körperhaltung
- Wiederholung von Sätzen
- Lippen fest geschlossen
- Schnelle Sprache
- Schnelle Körperbewegungen
- Starrer Gesichtsausdruck oder Grimasse
- Schütteln
- Geschlossene Fäuste
- Kiefer einstellen
- Allgemeine Spannung
- Schnelle, flache oder kurze Atemzüge
- Hände in die Hüften
- Eindringen in den persönlichen Raum

Frustriert

Die beiden Formen der Frustration sind Kapitulation und Konfrontation. Konfrontative Frustration ist dadurch gekennzeichnet, dass die Person den Eindruck hat, sie könne die Ursache der Frustration durch direkte Konfrontation mit dem Problem lösen. Die Anzeichen für konfrontative Frustration können daher diejenigen widerspiegeln, die sonst auf Wut hinweisen würden. Die Frustration bei der Kapitulation tritt auf, wenn die irritierte Person erkennt, dass sie das Problem, das sie irritiert, nicht lösen kann. Sie ist nicht durch Anzeichen von Wut gekennzeichnet, sondern durch Anzeichen passiver Irritation.

Einige häufige Anzeichen für Frustration bei der Kapitulation sind:

- Ständiger direkter Blickkontakt
- Wiederholung bestimmter Sätze
- Eindringen in den persönlichen Raum
- Achselzucken
- Fingerzeig

Es gibt folgende Anzeichen, die auf eine beginnende Verlassenheit-Frustration hinweisen:

- Überbetonung der Bewegung von den Händen zum Kopf
- Stirnrunzeln
- Seufzen
- Schnelles Ausatmen
- Hände in die Hüften gestemmt

Die folgenden Anzeichen deuten darauf hin, dass die Frustration bei der Kapitulation erreicht sind:

- Hände hoch
- Schulterzucken
- Weggehen

- Augen schließen
- Erheben die Augen zum Himmel
- Kopf schütteln

Obwohl die Frustration über eine Konfrontation leicht in Wut umschlagen kann, ist es wichtig, diese beiden Aspekte nicht zu verwechseln und sich auf die Seite der Analyse zu schlagen. Es ist auch wichtig, Langeweile nicht mit Frustration zu verwechseln, wenn man aufgibt. Obwohl viele Anzeichen von Langeweile die der Kapitulation aus Frustration widerspiegeln, sind gelangweilte Menschen nicht notwendigerweise frustriert, genauso wie jemand, der aus Frustration vor einer Situation kapituliert hat, wahrscheinlich nicht gelangweilt ist.

Deprimiert

Die klinische Depression ist eine Sache für sich. Die Betroffenen können völlig handlungsunfähig sein, unter Essstörungen leiden, sich kaum noch auf etwas konzentrieren können und die Hygiene vernachlässigen. Klinische Depressionen erfordern eine medizinische Behandlung. Mit „Depression" meinen wir die Art von Alltagsdepression, die wir alle irgendwann in unserem Leben erlebt haben.

Die Depression beeinträchtigt fast alle Körperfunktionen, einschließlich Körpersprache und Stimme. Ein depressiver Mensch bewegt sich und spricht anders; er ist träge und traurig. Er ist völlig enthemmt und müde. Achten Sie also nicht nur auf die Körpersprache einer Person, um Anzeichen einer Depression zu erkennen, sondern auch auf ihre Stimme. Dies ist ein weiterer Weg, auf dem sich Depressionen mit Sicherheit manifestieren.

Die spezifischen Anzeichen einer Depression im Alltag sind:

- Konzentrationsschwäche
- Schlechtes Gedächtnis
- Bewusste und langsame Bewegung
- Entspannte Körperhaltung
- Gesteigerter Appetit

- Verminderter Appetit
- Langsames und leises Sprechen
- Hängende Augen
- Isolierung
- Geringere Fähigkeit zur Vorausplanung
- Mangelnde Beachtung der persönlichen Hygiene
- Mangelnde Aufmerksamkeit für das persönliche Erscheinungsbild

Nervös

Nervosität verursacht, ebenso wie Langeweile, Unbehagen. Wie bei der Langeweile wird ein nervöser Mensch, um sich von seinem Unbehagen abzulenken, seinen Körper bewegen. Nervosität erzeugt eine Menge Energie, und ein nervöser Mensch muss etwas finden, um diese zusätzliche Energie zu nutzen.

Typische Anzeichen für Nervosität sind:

- Körperspannung
- Die Augen bewegen sich hin und her
- Abrollen des Körpers
- Schaukeln
- Seitliche Gewichtsverlagerung
- Kreuzen und Verschränken der Arme
- Kreuzen und Überkreuzen der Beine
- Klatschende Hände
- Klatschende Finger
- Klatschende Füße
- Räuspern

- Auf die Lippen beißen
- Nervöses Husten
- Schütteln von Haaren, Schmuck, Händen, Stiften, Münzen, Kleidung, Nägeln oder anderen kleinen Gegenständen
- Händedruck
- Nervöses Lächeln (häufiger und schneller Wechsel zwischen Lächeln und Nicht-Lächeln)
- Nervöses Reden
- Niedergeschlagene Augen
- Schütteln
- Nägelkauen
- Vorbereitung der Nagelhaut
- Plötzliche Stille
- Drehung des Oberkörpers von einer Seite zur anderen
- Schwitzen

Wie man sieht, wird Nervosität von zahlreichen Anzeichen begleitet, von denen viele auch für andere emotionale Zustände typisch sind. Nervöse Menschen zeigen jedoch in der Regel mehr als eines der oben genannten Anzeichen. Achten Sie daher bei der Analyse einer Person, auf zwei oder drei Anzeichen, um sicherzustellen, dass Sie die Situation nicht falsch interpretieren.

Peinlichkeit

Menschen, denen etwas peinlich ist, verbergen in der Regel ihren Gemütszustand, was dazu führt, dass das Gefühl der Verlegenheit nur schwer nachvollziehbar ist. Außerdem ist das Verhalten bei Verlegenheit von Person zu Person unterschiedlich. Es ist daher wichtig, die Verhaltensweisen zu verstehen und zu erkennen, die für Verlegenheit charakteristisch sind, um sie nicht mit Nervosität, Wut, Angst, Zurückhaltung oder Abwehrhaltung zu verwechseln.

Zu den häufigsten Anzeichen dafür, dass sich eine Person peinlich berührt fühlt, gehören:

- Wegschauen
- Mangelnder Blickkontakt
- Kopfschütteln
- Nervöses Lachen
- Verlassen der Situation
- Vermeiden von Kontakten mit anderen

Verwirrt

In der Praxis zeigt sich die Verwirrung selten unabhängig von anderen Emotionen. Eine verwirrte Person zeigt oft auch Anzeichen von Unentschlossenheit, Frustration oder Angst. Es ist hilfreich, sich eine verwirrte Person als jemanden vorzustellen, der sich im Wald verirrt hat und nach einem sicheren Weg sucht.

Typische Anzeichen für Verwirrung sind:

- Anzeichen von Frustration
- Wiederholung von Aussagen
- Schütteln oder Bewegen
- Etwas in die Hand nehmen, um es gleich wieder wegzulegen
- Anzeichen für Unentschlossenheit
- Verhalten im Konflikt mit sich selbst
- Inkonsistentes Verhalten
- Wiederholung von Bewegungen

Angst

Eines der grundlegendsten Gefühle ist die Angst. Diese beginnt in der Regel als Überraschung und verwandelt sich dann schnell in eine nervöse Kombination aus Nervosität und Abwehr. In der heutigen Zeit tritt die Angst nicht mehr so häufig auf wie die Furcht, aber es ist gut, eine Vorstellung davon zu haben, welche Verhaltensweisen die Angst kennzeichnen, falls man sie identifizieren muss. Denken Sie daran, dass jeder Mensch anders auf Angst reagiert, sodass Sie genau feststellen müssen, welche Emotion Sie beobachten.

Zu den Anzeichen von Angst gehören:

- Alle Zeichen der Überraschung
- Weit geöffnete Augen
- Schütteln
- Schweres Atmen
- Hände auf das Gesicht legen
- Errötetes Gesicht
- Sich an andere klammern
- Hände vor dem Körper auflegen
- Den Körper wegbewegen
- Kurze, schnelle Atemzüge
- Schreien oder Rufen
- Lähmung
- Übertriebenes Schlucken
- Hände zusammenpressen oder sich an etwas festhalten
- Nicht atmen
- Sich umsehen (Kopf gedreht halten)
- Zurücklehnen

- Schnelles Gehen
- Lecken der Lippen
- Steife Körperhaltung
- Langsame und zögerliche Schritte

Überraschung

Die plötzliche Ausschüttung von Adrenalin durch die Amygdala ist kennzeichnend für die Überraschung als Reaktion auf unerwartete Reize (d. h. die „Kampf- oder Flucht"-Reaktion). Da es sich um eine plötzliche und unerwartete Situation handelt, kann die Überraschung aus einer Vielzahl von Gefühlszuständen resultieren, darunter Freude, Schmerz, Angst und Aufregung. Unabhängig von der Ursache folgt die körperliche Reaktion demselben Grundmuster. Das heißt, es kommt zu einer Art schneller Körperbewegung, begleitet von einer vorübergehenden Unfähigkeit, kleinere Muskeln zu kontrollieren. Sobald diese Reaktionen stattfinden, nimmt eine überraschte Person in der Regel recht schnell wieder die Position ein, die sie vor der Überraschung hatte. Die Reaktion auf eine Überraschung ist im Allgemeinen dieselbe, unabhängig davon, ob der Katalysator eine gute oder eine schlechte Sache ist.

Die Zeichen umfassen:

- Weit geöffnete Augen
- Verlängerung der Arme
- Springen
- Schreien
- Keuchen
- Mund offen
- Rückwärtsgehen, wenn die Person steht
- Zurücklehnen, wenn die Person sitzt
- Verlängerte Beine

Anzeichen für negative Emotionen

1. Zu starker oder schwacher Händedruck

Der Händedruck ist in der Regel der erste Eindruck, den jemand von Ihnen erhält. Wenn Ihr Händedruck zu schwach ist, zeigt das, dass Sie unprofessionell sind und dass Sie vielleicht neu sind. Wenn Ihr Händedruck zu stark ist, könnte dies darauf hindeuten, dass Sie zu aggressiv sind. Versuchen Sie, den richtigen Mittelweg zu finden, um einen guten Eindruck zu hinterlassen.

2. Sich umsehen

Jeder hat schon einmal jemanden erlebt, der sich während des Gesprächs ständig umgesehen hat. Wahrscheinlich haben Sie gedacht, dass sie eine andere Person suchen, mit der sie reden können. Seien Sie nicht diese Art von Mensch. Alle Ihre Gesprächspartner müssen mit Respekt behandelt werden.

3. Nicht lächeln

Ist Ihnen klar, dass Lächeln tatsächlich glücklich machen kann? Die Menschen glauben gerne das Gegenteil. Wenn Sie sich ein schönes Lächeln bewahren können, werden Sie sich selbstbewusst fühlen und die Menschen werden gerne mit Ihnen arbeiten. Wenn Sie merken, dass Sie eine Grimasse machen wollen, verwandeln Sie sie in ein Lächeln.

4. Kein Blickkontakt

Ich arbeitete früher mit einer Person zusammen, die immer sofort ins Leere starrte, wenn jemand mit ihr sprach. Sie sagten, es falle ihnen leichter, sich auf das zu konzentrieren, was andere sagten, wenn sie ihren Gesprächspartner nicht ansähen. Die Menschen verwenden unterschiedliche Kommunikationsformen, aber sie versuchen immer zu lächeln und Blickkontakt herzustellen. Selbst ein moderater Blickkontakt vermittelt Interesse und Vertrauen und sorgt dafür, dass sich alle wohlfühlen.

5. Körniges Gesicht

Sie sind sich vielleicht nicht bewusst, dass ein finsteres Gesicht und hochgezogene Augenbrauen bei anderen den Eindruck erwecken können, Sie seien feindselig oder einschüchternd. Dies kann eine Person davon abhalten, sich zu öffnen oder sie in die Defensive drängen. Sie können ihnen verbal versichern, dass Sie sie unterstützen und verstehen, was sie sagen.

6. Das Handy beobachten

Wenn Sie sich in einer öffentlichen Sitzung befinden, legen Sie Ihr Telefon weg. Mittlerweile ist jeder süchtig nach seinem Telefon, aber es ist sehr unhöflich. Versuchen Sie, mit anderen in Kontakt zu treten, und hören Sie auf, alle fünf Minuten auf Ihr Telefon zu schauen. Wenn Sie einen Notfall haben, ist das in Ordnung. Es ist viel einfacher, eine Verbindung herzustellen, wenn Sie nicht durch etwas abgelenkt werden.

7. Sich fallen lassen

Eine Person, die in ihrem Stuhl zusammensackt, zeigt, dass sie kein Vertrauen und keine Energie hat. Es ist wichtig, Leidenschaft zu zeigen und andere wissen zu lassen, dass man an sich selbst glaubt. Wenn Sie in sich zusammensacken oder einen Buckel machen, vermitteln Sie die falsche Botschaft. Wenn Sie eine starke Körperhaltung haben, werden Sie sich energiegeladen fühlen und es wird ein Sieg für alle Teilnehmer sein.

8. Nicht zuhören

Es spielt keine Rolle, was Ihr Beruf ist. Früher oder später müssen Sie mit Menschen sprechen. Das Wichtigste, woran eine Beziehung scheitern kann, ist das Nicht-Zuhören. Zuhören kann die Beziehungen zu den Lieferanten, die Leistung der Mitarbeiter und den Umsatz besser beeinflussen als andere Formen der Kommunikation.

9. Zu schnelles Sprechen

Schnelles Blinzeln oder zu schnelles Sprechen zeigen Misstrauen und Nervosität. Versuchen Sie, zwischen den Sätzen eine Pause zu machen und andere ausreden zu lassen, bevor Sie sie unterbrechen. Blickkontakt ist äußerst wichtig. Wenn Sie Schwierigkeiten haben, Menschen in die Augen zu sehen, schauen Sie auf die Mitte ihrer Stirn. Dies ist ein Blickkontakt, der kein Unbehagen auslöst.

10. Eindringen in eigenen persönlichen Raum

Das Eindringen in den persönlichen Raum einer anderen Person hat schädliche Auswirkungen. Ein gutes Beispiel dafür ist, dass Männer anscheinend immer in den persönlichen Bereich einer Frau eindringen, ob sie es wissen oder nicht. Dies kann zu einer Klage wegen Belästigung führen. Der beste Abstand zwischen Ihnen und einer anderen Person ist etwa ein halber Meter. Behandeln Sie den Raum einer anderen Person nicht so, als wäre er Ihr eigener.

11. Verwendung von „aber"

Die wiederholte Verwendung des Wortes „aber" während eines Gesprächs kann Probleme verursachen. In den meisten Fällen hört sich das so an, als ob Sie versuchen, sich zu entschuldigen oder als ob es Ihnen egal ist, was die andere Person sagt. Sie könnten sagen: *„Es tut mir leid, dass Ihr Produkt Sie einmal nicht erreicht hat, aber Sie wissen ja, wie das Wetter vergeht"*. Diese Aussage zeigt nicht, dass es Ihnen wirklich leidtut. Sie schieben die Schuld auf die Zeit, anstatt sich mit dem Problem der Person zu befassen.

12. Unzureichende Antwort

Wenn Sie mit einer Person sprechen, achten Sie darauf, dass Sie ihr zuhören. Das bedeutet, dass Sie lächeln, nicken und Augenkontakt herstellen sollten. Auch wenn Sie mit dem, was Ihr Gesprächspartner sagt, nicht einverstanden sind, können Sie immer akzeptieren, dass Sie das, was er gesagt hat, verstanden haben. Dies ist einfach ein Zeichen des Respekts. Wenn Sie dies nicht tun, hinterlassen Sie einen schlechten Eindruck.

Anzeichen für positive Emotionen

Zu positiv werden

Die Tatsache, dass die Körpersprache positiv ist, bedeutet nicht, dass sie gut oder die beste Art zu kommunizieren ist. Da wir soziale Tiere sind, haben wir viele Verhaltensweisen und Gefühle. Wenn Sie versuchen, jeweils nur eine zu verwenden, wirken Sie eindimensional oder falsch.

Wenn Sie stets eine aufmerksame und positive Einstellung an den Tag legen, könnte dies Ihrem Status und Ihrem Ruf schaden. Oft nehmen die Menschen sie als selbstverständlich hin und ignorieren sie. Man muss anderen Aufmerksamkeit und Zuwendung schenken, aber nur denjenigen, die es verdienen.

Wie können sich andere um Sie kümmern, wenn Sie nur versuchen, anderen zu helfen und sich selbst vernachlässigen, dann werden Sie oberflächlich und langweilig wirken. Es wird keine Aufregung oder Spannung geben.

Nach vorne lehnen

Wenn eine Person jemanden mag, möchte sie ihm nahekommen. Sie wirken spannender, wenn Sie sich ihnen nähern. Wenn eine Person sich nach vorne lehnt, und vor allem, wenn sie lächelt und nickt, zeigt sie, dass sie an dem, was Sie sagen, interessiert ist und möchte, dass Sie fortfahren.

Heißt das, dass Sie immer nicken und sich nach vorn lehnen sollten?

Nein, wenn man es übertreibt, könnte man zwei Probleme bekommen:

- Wenn Sie sich zu weit nach vorne lehnen, verletzen Sie möglicherweise den persönlichen Raum des Gesprächspartners und machen ihn unruhig. Dies ist ein weiterer Grund, warum wir uns nach vorn lehnen, wenn wir einen Gegner einschüchtern wollen. Diese Art des Anlehnens wird aggressiver und angespannter sein.

- Wenn Sie ständig alle Leute anlächeln, erwecken Sie den Eindruck, dass Sie unbedingt gefallen wollen. Auf diese Weise werden Sie Ihren Status bei anderen senken.

Vergleichen Sie das Gefälle zum Autofahren. Je mehr Sie auf das Gaspedal treten, desto ungeduldiger und engagierter sind Sie. Wenn Sie nicht auf das Pedal drücken, wirken Sie distanzierter und entspannter. Übertreiben Sie es nicht, denn Sie müssen Ihre Geschwindigkeit für jede Situation anpassen.

Wie beim Autofahren hat die Richtung, in die sich eine Person lehnt, einen großen Einfluss. Wir gestikulieren und neigen uns den Dingen oder Orten zu, die wir gerne.

Nichts zu verbergen

Denken Sie an eine Zeit, in der Sie für längere Zeit von Freunden oder Familie getrennt waren. Wie haben sie Sie begrüßt, als sie Sie wiedergesehen haben? Haben sie ihre Arme ausgestreckt und ihre Handflächen freigelegt, als ob sie Sie von weitem umarmen würden? Diese positive und offene Geste kann das Herz erwärmen.

Sie können ähnliche Gesten verwenden, um eine positive, ehrliche und offene Körpersprache zu zeigen.

Wenn Ihre Handflächen nach außen zeigen, ist das ein Zeichen von Ehrlichkeit und Offenheit und keineswegs bedrohlich. Sie lassen die andere Person wissen, dass Sie ihr nichts verheimlichen und dass sie Ihnen vertrauen kann. Hier sind weitere Zeichen, die Ihnen helfen können, Kooperation und Aufrichtigkeit zu zeigen:

- Lächeln.
- Den Körper gerade halten, um Energie und Selbstvertrauen zu zeigen.
- Halten Sie Ihre Kleidung und Ihren Körper offen. Halten Sie nichts vor sich her.
- Halten Sie guten Blickkontakt. Das zeigt, dass Sie keine Angst haben und aufmerksam sind.
- Halten Sie Ihre Hände in einer neutralen Position. Sehen Sie niemals auf sie herab und beugen Sie sich nicht ihren Wünschen.

Von Barrieren fernhalten

Um das Vertrauen einer Person zu gewinnen, müssen Sie sicherstellen, dass Sie nicht wie eine Bedrohung wirken. Eine defensive Körpersprache kann Ihre Einstellung beeinflussen. Wenn Sie defensiv sind, wird es für andere schwierig sein, Sie zu akzeptieren und auf Sie zuzugehen.

Deshalb ist es wichtig, eine offene Körpersprache zu pflegen und sich von Barrieren fernzuhalten.

Ihr Ziel muss es sein, Ihre Schutzmechanismen zu überwinden und eine sichere, warme und einladende Atmosphäre zu schaffen. Zeigen Sie anderen, dass Sie keine Angst vor ihnen haben und dass sie auch keine Angst vor Ihnen haben müssen.

Es ist ein Prozess, und völlig fremde Menschen werden nicht Ihre größten Fans sein. Wenn Sie die Schritte verstehen, können Sie ihre Haltung Ihnen gegenüber kennenlernen und die Dinge beschleunigen.

Die Schritte sind wie folgt:

- Völlig fremde Menschen haben wahrscheinlich die Beine oder die Arme gekreuzt oder vielleicht beides. Sie werden sich von Ihnen fernhalten. Sie können auch etwas vor sich halten oder ihren Mantel zuknöpfen.
- Wenn sie sich mit Ihnen anfreunden, werden Sie feststellen, dass sie ihre Beine nicht kreuzen und dass andere Barrieren verschwinden. Sie rücken vielleicht ein wenig näher an Sie heran.
- Sie fangen vielleicht an, mehr zu gestikulieren und ihre Handflächen zu zeigen.
- Sie lösen sich mit ihren Armen auf.
- Sie können auf Sie zeigen oder ihren Körper zu Ihnen neigen.

Wenn Sie die Initiative ergreifen, können Sie anderen helfen, sich Ihnen gegenüber zu öffnen. Wir alle beginnen unbewusst, die Körpersprache anderer zu kopieren. Sie können diesen Prozess umkehren, indem Sie eine defensive Haltung einnehmen.

Die Geschwindigkeit des Prozesses hängt von der Kultur, dem Charakter, der Extravertiertheit oder Introvertiertheit und dem Kontext ab, z. B. wenn man einen Fremden auf der Straße oder auf einer Party trifft.

Übung

Haben Sie schon einmal eine Produktankündigung gesehen? Ein Beispiel ist Steve Jobs, der ein neues Apple iPhone-Produkt erklärt. Suchen Sie nach einem Video zu diesem Thema und sehen Sie es sich bis zum Ende an. Werten Sie Ihre Erfahrungen aus. Wollten Sie das Produkt kaufen? Die Verbraucher kaufen Produkte aufgrund von Wünschen oder Bedürfnissen. Der Redner, der das Produkt anpreist, ist dafür verantwortlich, bei den Zuhörern den Wunsch nach einem Kauf zu wecken. Welche Körpersprache oder Sprechweise hat der Redner bei seiner Ankündigung verwendet? Hat Ihnen sein Vortrag gefallen oder nicht gefallen?

Kapitel 9. Wie man diejenigen erkennt, die nonverbale Kommunikationstechniken einsetzen, um sich nicht täuschen zu lassen

Die Fähigkeit, in anderen Menschen zu lesen, wird einen großen Einfluss auf Ihre Beziehungen zu ihnen haben. Wenn Sie in der Lage sind, die Gefühle einer anderen Person zu verstehen, können Sie Ihren Kommunikations- und Mitteilungsstil anpassen, um sicherzustellen, dass die Botschaft auf die bestmögliche Weise ankommt.

Aber auf welche Elemente muss man achten, damit man jemanden richtig lesen kann?

Die erste Strategie: Signale der Körpersprache wahrnehmen

Untersuchungen haben ergeben, dass Worte nur sieben Prozent unserer Konversation ausmachen, während der Tonfall dreißig Prozent ausmacht. Am höchsten ist der Anteil der Körpersprache, der fünfundfünfzig Prozent ausmacht.

Bemühen Sie sich nicht, die Signale der Körpersprache zu lesen. Seien Sie nicht zu analytisch oder intensiv. Bleiben Sie flüssig und entspannt. Setzen Sie sich hin, machen Sie es sich bequem und beobachten Sie.

Nachfolgend sind einige Elemente aufgeführt, die zu berücksichtigen sind:

Achten Sie auf das Aussehen

Wenn Sie andere lesen, achten Sie auf Folgendes: Tragen sie gut geputzte Schuhe und einen Anzug der Macht, sind sie für den Triumph gekleidet, signalisieren sie Ehrgeiz?

T-Shirt und Jeans, die für Komfort und einen lässigen Look stehen? Ein eng anliegendes Oberteil, das ein Dekolleté zeigt und eine verführerische Wahl signalisiert? Ein Anhänger in

Form eines Buddhas oder eines Kreuzes als Hinweis auf spirituelle Standards?

Beobachten Sie die Körperhaltung

Fragen Sie sich bei der Betrachtung der Körperhaltung anderer: Kauern Sie oder gehen Sie unentschlossen, was ein Zeichen für geringes Selbstwertgefühl ist? Halten Sie ihren Kopf hoch, ein Zeichen von Selbstvertrauen?

Stolziert die Person mit aufgeblähter Brust herum, was auf ein übergroßes Ego hinweist?

Aufmerksamkeit für körperliche Bewegungen

Abstand und Neigung: Achten Sie darauf, wann sich Personen nach außen lehnen. Im Allgemeinen entfernen wir uns von denen, die wir nicht lieben, und nähern uns denen, die wir lieben.

Versteckte Hände: Wenn Menschen ihre Hände in die Taschen, auf den Schoß oder hinter sich legen, deutet dies darauf hin, dass sie versuchen, etwas zu verbergen.

Übersetzen von Mimik

Emotionen können uns ins Gesicht geschrieben sein. Tiefe Ausdrucksfalten deuten auf übermäßiges Nachdenken oder Sorgen hin. Ein Lächeln mit Krähenfüßen in der Nähe der Augen zeigt Freude an. Knirschen mit den Zähnen und Zusammenpressen des Kiefers deuten auf Anspannung hin. Zusammengepresste Lippen deuten auf Bitterkeit, Wut oder Verachtung hin.

Die zweite Strategie: Auf die Intuition achten

Sie werden in der Lage sein, sich auf eine Person über ihre Worte und Körpersprache hinaus einzustimmen. Intuition ist das Gefühl in Ihrem Bauch und nicht das, was Ihr Kopf Ihnen sagt. Es sind die nonverbalen Daten, die Sie durch Körpersprache und Bilder beobachten, im Gegensatz zur Logik.

Wenn Sie eine Person verstehen wollen, kommt es vor allem darauf an, wer sie ist, und nicht auf ihre äußerlichen Merkmale. Intuition gibt Ihnen die Fähigkeit, über das Offensichtliche hinauszusehen und eine reichhaltigere Geschichte zu enthüllen.

Liste mit intuitiven Hinweisen:

Hören Sie auf Ihr Bauchgefühl

Achten Sie auf das, was Ihnen Ihr Instinkt sagt, vor allem bei der ersten Begegnung. Es ist eine Ur-Reaktion, die stattfindet, bevor man die Chance hat zu denken. So können Sie feststellen, ob Sie sich wohlfühlen oder nicht. Bauch-Empfindungen treten schnell auf; sie sind eine natürliche Reaktion. Sie sind Ihr Gradmesser für die Wahrheit und zeigen Ihnen, ob Sie einer Person vertrauen sollten.

Gänsehautgefühl

Es sind wunderbare, instinktive Stacheln, die uns erkennen lassen, dass wir mit Menschen in Resonanz sind, die uns inspirieren oder bewegen, oder dass wir ein Gespräch führen, das uns berührt. Gänsehaut entsteht auch, wenn wir ein *Déjà-vu* erleben, das Gefühl, eine Person zu kennen, obwohl wir ihr noch nie begegnet sind.

Hüten Sie sich vor Intuitionsblitzen

Bei Gesprächen mit Menschen kann es vorkommen, dass bei einer Person eine Glühbirne aufgeht, und das geschieht in einem Augenblick. Man muss wachsam bleiben, sonst merkt man es vielleicht nicht. Wir neigen dazu, so schnell zum nächsten Gedanken überzugehen, dass wir diese wichtigen Erkenntnisse verlieren.

Vorsicht vor intuitivem Mitgefühl

Manchmal werden Sie in der Lage sein, die körperlichen Emotionen und Symptome von Personen in Ihrem Körper zu spüren, was eine starke Form des Mitgefühls ist. Wenn Sie also andere lesen, achten Sie darauf, ob Ihr Arm schmerzt, obwohl er vorher nicht schmerzte, oder ob Sie nach einer Sitzung verärgert oder traurig sind. Um herauszufinden, ob es sich um Einfühlungsvermögen handelt, müssen Sie Feedback einholen.

Die dritte Strategie: Emotionale Energie wahrnehmen

Emotionen sind spektakuläre Ausdrücke unserer Energie oder Schwingung. Wir registrieren sie mit Intuition. Es ist gut, von bestimmten Personen umgeben zu sein, die die Vitalität und Stimmung steigern.

Andere hingegen zehren an Ihnen, und Sie wollen sich unbedingt aus ihrer Nähe entfernen. Sie können diese subtile Energie einige Meter oder Zentimeter von Ihrem Körper entfernt spüren, auch wenn sie nicht sichtbar ist. In der chinesischen Medizin ist es als „Chi„ bekannt, eine Vitalität, die für die Gesundheit von grundlegender Bedeutung ist.

Taktiken zum Lesen emotionaler Energie

Wahrnehmen der Anwesenheit von Personen

Präsenz ist die gesamte Energie, die wir ausstrahlen. Sie ist im Wesentlichen nicht mit dem Verhalten oder den Worten vereinbar. Es ist die emotionale Luft, die uns umgibt, wie die Sonne oder eine Regenwolke.

Wenn Sie Menschen lesen, achten Sie darauf, ob sie eine freundliche Ausstrahlung haben, die Sie anzieht, oder ob Sie nervös werden, sodass Sie zurückschrecken.

Achten Sie auf die Augen der Person

Unsere Augen übertragen Befehlsenergien, so wie das Gehirn ein elektronisches Signal hat, das über den Körper hinausgeht. Auch ohne Forschung wissen wir intuitiv, dass Augen Energie senden.

Nehmen Sie sich einen Moment Zeit, um die Augen der Menschen zu beobachten. Sind sie wütend? Nachdenklich? Bedeutet? Fühlt sich die Person in ihren Augen wohl und zeigt sie eine Haltung der Vertrautheit? Oder scheinen sie sich zu verstecken oder abzuschirmen?

Nehmen Sie das Gefühl einer Berührung, einer Umarmung und eines Händedrucks wahr

Wir übertragen emotionale Energie durch physischen Kontakt, wie einen elektrischen Strom. Fragen Sie sich, ob Sie sich bei einer Umarmung oder einem Händedruck sicher, wohl oder warm fühlen. Oder fühlen Sie sich dabei so unwohl, dass Sie sich zurückziehen wollen? Sind die Hände der Menschen feucht, was auf Nervosität hinweist? Oder hinken sie, was auf Schüchternheit oder mangelndes Engagement hindeutet?

Achten Sie auf das Lachen und die Stimme der Leute

Die Lautstärke und der Tonfall unserer Stimme können uns viel über unsere Gefühle verraten. Schwingungen werden durch Schallfrequenzen erzeugt. Wenn Sie eine Person lesen, achten Sie darauf, wie der Tonfall der Stimme auf Sie wirkt. Fragen Sie sich, ob der Tonfall weinerlich, irritierend oder abweisend ist. Hat sie einen beruhigenden Klang?

Kurz gesagt, wenn Sie nicht wissen, wie Sie sich anderen präsentieren, verpassen Sie einen wichtigen Teil der menschlichen Interaktion.

Wenn Sie ein ehrgeiziger junger Berufstätiger sind, kann das Wissen, wie Sie diese Signale erkennen, über Ihre Karriere entscheiden. Und wenn Sie nach einer Möglichkeit suchen, Ihre Karriere voranzubringen, kann Ihnen die Fähigkeit, Ihr Wissen über Körpersprache zu nutzen, einen Vorteil gegenüber Ihren Kunden, im Büro oder in anderen beruflichen Situationen verschaffen.

Ein schnelles und genaues Ablesen kann den Unterschied ausmachen, wenn es darum geht, vor den Kollegen einen Fehler zu machen oder den Chef zu beeindrucken.

Übung

Schreiben Sie in ein Notizbuch einen Lebensplan vom laufenden Jahr bis zum Alter von siebzig Jahren. Konzentration auf Beziehungen oder Familienangelegenheiten. Welche Pläne haben Sie in Bezug auf Wohneigentum, Heirat oder Kindererziehung? Wie wollen Sie diese Ziele erreichen? Ihre Konzentration auf die Förderung ist die treibende Kraft hinter all diesen Plänen. Mit wem wollen Sie diese Jahre verbringen? Sie müssen sich über Ihre Zukunft und die Möglichkeiten, die sie für Ihr Leben bereithält, um vorbereitet zu sein und ein glückliches Leben zu führen.

Kapitel 10.
Die 5 Fehler, die man nach dem Erlernen der Techniken nicht machen sollte

Diese Fehler sind bei Anfängern häufig anzutreffen, aber diese Liste wird Ihnen helfen, diese Fehler zu erkennen und sie zu vermeiden.

Sie sollten kein Wurm sein

Die Wörter „studieren" und „beobachten" bedeuten, dass Sie einer bestimmten Person große Aufmerksamkeit schenken. Das ist richtig, aber Sie müssen daran denken, dass Sie sie nicht anstarren und nicht unheimlich wirken dürfen.

Achten Sie darauf, wie sie sich fühlen, und beobachten Sie sie unauffällig. Sie müssen sie beobachten, aber ohne den Eindruck zu erwecken, dass Sie sie anstarren. Denken Sie auch daran, dass sie nicht die einzigen sein sollten, die sehen, dass Sie sie beobachten. Wenn Sie der Typ sind, der in der Ecke des Raumes steht und alle anstarrt, wird das jemandem auffallen und die Nachricht wird sich wie ein Lauffeuer verbreiten.

Seien Sie natürlich. Seien Sie selbst. Behalten Sie im Auge, was vor sich geht, aber seien Sie nicht der dunkle Typ in der Ecke.

Man sollte nicht darauf hinweisen, was sie tun

Alles, was wir über die Körpersprache einer Person gesagt haben, ist etwas, das sie ganz natürlich tut. Niemand denkt darüber nach, während er es tut, und er wird sich beleidigt oder veräppelt fühlen, wenn Sie ihn darauf hinweisen.

Sie müssen sie schweigend lesen und Ihre Handlungen an das anpassen, was sie tun, aber sie niemals darauf hinweisen, was sie tun oder was Sie tun.

Behalten Sie lieber Ihre Gedanken für sich und tun Sie das, was Sie tun, als Reaktion auf das, was sie tun. Wenn Sie sehen, dass sie das Interesse verlieren oder dass sie interessiert sind, machen

Sie weiter wie bisher oder ändern Sie es, aber sagen Sie es ihnen nicht.

Auf diese Weise werden sie merken, dass Sie in der Lage sind, sie zu beruhigen, wenn sie wütend sind, oder dass Sie zu den Menschen gehören, die immer wissen, was sie sagen müssen. In jedem Fall ist es ein Sieg für Sie und Sie müssen niemandem Ihr Geheimnis verraten.

Man sollte nicht denken, dass alle gleich sind

Obwohl es universelle Dinge gibt, die Menschen tun, wenn sie sich auf eine bestimmte Weise fühlen, reagieren verschiedene Menschen unterschiedlich auf verschiedene Dinge. Sie können nicht davon ausgehen, dass alle Menschen so denken, nur weil jemand einen Fehler für kein Problem hält.

Sie müssen all diese Beobachtungen und Maßnahmen von Fall zu Fall abwägen und Ihre Reaktion darauf abstimmen, womit Sie es zu tun haben. Wenn Sie Ihre Handlungen auf der Grundlage der Menschen, mit denen Sie zusammen sind, und ihrer Gefühle ändern können, werden Sie erkennen, wie einfach es ist, jede Situation, in der Sie sich befinden, zu kontrollieren.

Bleiben Sie ungeachtet des Gesprächspartners entspannt und beobachten Sie, wie er auf das Gespräch reagiert, und machen Sie dann Ihren Zug. Denken Sie nicht, dass ein Misserfolg bei jemandem ein Misserfolg bei allen ist, oder dass ein Erfolg bei jemandem ein Erfolg bei allen ist. Es ist alles von Fall zu Fall, ein Tag nach dem anderen.

Man sollte nie eine große Wette mit jemandem eingehen, den man gerade erst kennengelernt hat

Sie mögen sich sicher fühlen, sie zum Lachen bringen, mit ihnen reden und ihnen aus der Hand fressen, aber jetzt ist nicht der richtige Zeitpunkt, es zu riskieren. Manchmal kann man jemanden dazu bringen, einen zu mögen und sehr beeindruckt von einem zu sein, nur um ihn dann mit einem schlechten Spiel zu verlieren.

Sie wollen, dass die Person einen guten Eindruck von Ihnen hat, ohne dass sie ihn beim nächsten Treffen wiederholen muss. Es wird gesagt, dass man Risiken eingehen muss, wenn man etwas verändern will, aber es wird nicht gesagt, dass man beim Eingehen dieser Risiken klug sein muss.

Man muss seine Entscheidungen klug treffen und auf Nummer sicher gehen, um dann, wenn man eine bessere Grundlage hat, Risiken eingehen zu können.

Seien Sie nicht so voreilig mit Ihrem Urteil. Trotz allem, was wir bisher besprochen haben, darf man nicht vergessen, dass jeder Mensch seine eigenen körpersprachlichen Muster hat. Selbst wenn einige Handlungen allgemein als bedeutungsvoll eingestuft werden, bedeutet das nicht, dass sie zu 100 % zutreffend sind. So kann ein offener Mund bei einer Person auf einen Schockzustand hindeuten, während er bei einer anderen bedeutet, dass sie sich sehr auf etwas konzentriert. Das Berühren oder Reiben des Mundes könnte bedeuten, dass man lügt, aber auch, dass es im Mund juckt.

Daher sollten Sie, bevor Sie eine Entscheidung oder ein Urteil über eine Person fällen, versuchen, Ihre Interpretation der Körpersprache durch weitere Zeichen zu bestätigen. Mit anderen Worten, eine Entscheidung über eine Person auf der Grundlage eines einzigen Hinweises zu treffen, ist nicht präzise genug. Um sicher zu sein, dass Sie richtig gelesen haben, ist es wichtig, dass Sie mehrere Gesten erkennen und nicht nur eine. Außerdem müssen Sie genau darauf achten, was mündlich gesagt wird. Diese kombinierte Beobachtung wird Ihnen ein viel besseres und genaueres Verständnis dessen vermitteln, was sie denken und fühlen.

Eine der besten Methoden, um festzustellen, ob Sie die Person richtig lesen, ist die Übereinstimmung ihrer Handlungen. Wenn Sie beispielsweise jemanden fragen, ob er mit Ihnen einverstanden ist oder nicht, kann er mit „Ja“ oder „Nein“ antworten. Aber um festzustellen, ob er aufrichtig ist, müssen Sie sehen, ob seine Körpersprache mit der Antwort übereinstimmt. Wenn sie sagen, dass sie mit dem, was Sie sagen, einverstanden sind, aber ihre Körpersprache etwas anderes sagt, bedeutet das, dass sie lügen. Stimmt die Körpersprache hingegen nicht mit der Antwort überein, ist sie höchstwahrscheinlich aufrichtig.

Man sollte sich nicht anmaßen, alles zu wissen, auch wenn man gut darin ist, Menschen zu Lesen

Dieser Ratschlag ist eine Fortsetzung der bereits erwähnten Ratschläge. Jeder Mensch ist anders und reagiert auf unterschiedliche Weise. Man kann Dinge mit Faustregeln messen und verallgemeinern, aber man kann nicht erwarten, dass eine Sache immer funktioniert.

Übung

Überprüfen Sie Ihre früheren Beziehungen, falls Sie welche hatten. Erinnern Sie sich daran, was von Anfang an passiert ist, bis zu dem Zeitpunkt, an dem Sie beide beschlossen haben, die Beziehung zu beenden. Welche Körpersprache haben Sie am Anfang verwendet? Welche Körpersprache durften Sie im Laufe der Beziehung zum Ausdruck bringen?

Erinnern Sie sich daran, warum Sie die Beziehung eingegangen sind. Beurteilen Sie, ob Sie die Beziehung wirklich wollten. Waren Sie mit dem, was in Ihrer Beziehung geschah, zufrieden? Denken Sie daran, dass Beziehungen flüchtig sind. Es ist leicht, einen Fehler zu machen und die Bindung zu seinem Partner dauerhaft zu beschädigen. Dies ist eine Gelegenheit, um mehr Verständnis für die Menschen zu entwickeln, mit denen wir eine romantische Beziehung eingegangen sind.

Fazit

Zu wissen, wie man das Verhalten anderer beobachtet und analysiert, ist eine wichtige Fähigkeit, die man beherrschen muss, um im Leben erfolgreich zu sein. Ohne ein gutes Verständnis der Körpersprache bei verschiedenen Arten von sozialen Interaktionen riskieren Sie, viel zu verlieren. Ganz gleich, ob es sich um Ihr soziales Leben, Im Beruf oder im Liebesleben handelt, wenn Sie wissen, wie Sie Menschen analysieren können, werden Sie mit maximaler Effizienz bewegen können. Und nicht nur das: Sie können dieses Wissen auch nutzen, um sich selbst besser zu verstehen. Wie auch immer Sie es betrachten, Sie haben nichts zu verlieren und alles zu gewinnen, wenn Sie die Kunst der Analyse von Menschen beherrschen.

Alles zu lernen, was ich in diesem Buch beschrieben und besprochen habe, wird viel Zeit und Übung erfordern, es sei denn, Sie haben eine natürliche Begabung. Selbst dann werden Sie noch viel lernen müssen, denn alles, was in diesem Buch besprochen wird, deckt Grund- und Mittelstufenkenntnisse und -anwendungen der verbalen und nonverbalen Kommunikation ab. Alles in diesem Buch kann leicht verwendet werden, um Ihre Körpersprache und Gesprächsfähigkeiten zu verbessern. Finden Sie heraus, welche Fehler Sie daran hindern, effektiv mit anderen zu kommunizieren, und konzentrieren Sie sich darauf, diese in Ihren täglichen Gesprächen und sozialen Interaktionen zu beheben. Das wird Ihnen helfen, besser mit anderen Menschen umzugehen, und Sie werden langfristig mehr Selbstvertrauen in sich und Ihr Leben haben.

Es wird Ihnen anfangs etwas unangenehm sein, Ihr Wissen über die Analyse von Menschen in die Praxis umzusetzen, da Sie sich sehr unsicher und nervös fühlen werden, weil Sie Gefahr laufen, andere Menschen einzuschüchtern, wenn Sie mit ihnen sprechen. Um Vertrauen zu gewinnen, üben Sie zunächst mit Familienmitgliedern und engen Freunden. Beobachten Sie dritte Personen, mit denen Sie kein direktes Gespräch führen. Wenn Sie erst einmal den Dreh raus haben, können Sie leicht dazu übergehen, Menschen in Gesprächen und sozialen Interaktionen außerhalb Ihrer Komfortzone zu analysieren. Auch ohne spezielle Ausbildung werden Sie wahrscheinlich mit vielen der Gesten und ihren Interpretationen vertraut sein, die in diesem Buch besprochen werden. Versuchen Sie, die neuen, die Sie gerade gelernt haben, ebenso zu lesen wie die, die Sie bereits kennen, und Sie werden bald den Durchblick haben. Zu lernen, die Körpersprache anderer zu lesen, ist eine Fähigkeit, die jeder beherrschen sollte, um das Leben leicht und effektiv zu meistern. Da Sie mit der Lektüre dieses Buches bereits den ersten Schritt in Richtung dieses Ziels getan haben, machen Sie den nächsten wichtigen Schritt, indem Sie es in Ihrem täglichen Leben anwenden.

Dieses Buch wurde mit großer Mühe von mir geschrieben, danke für die Bestellung des Buches.

Ich habe beschlossen, dir ein Geschenk zu machen!

Nehmen Sie Ihr Telefon und öffnen Sie den QR-Code!

Printed in Poland
by Amazon Fulfillment
Poland Sp. z o.o., Wrocław

16700382R00083